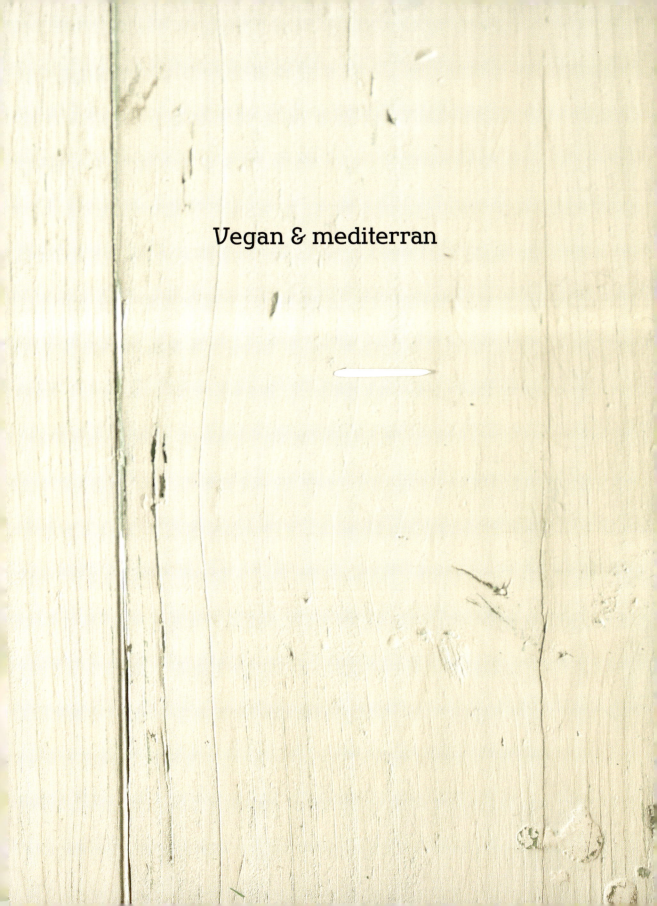
Vegan & mediterran

Erica Bänziger

Vegan
& mediterran

Genussvolle Mittelmeerküche

Lizenzausgabe für Hädecke Verlag
D-71263 Weil der Stadt
www.haedecke-verlag.ch

Alle Rechte vorbehalten, auch
für den auszugsweisen Abdruck und
die elektronische Wiedergabe.

© 2014 Fona Verlag AG, 5600 Lenzburg
www.fona.ch

Lektorat
Léonie Schmid

Co-Lektorat für die Lizenzausgabe
Monika Graff

Bilder
Andreas Thumm (Rezepte),
David Dietz (Produkte),
Claudia Albisser (Bild S. 11)

Gestaltung
FonaGrafik, Lea Spörri

Druck
Druckerei Uhl, Radolfzell

ISBN 978-3-7750-0668-2

Inhalt

6 Vorwort & Dank

GRUNDREZEPTE
8 Hülsenfrüchte
10 Pastateig

SALATE
14 Orangen-Randen-Salat mit Zwiebeln
15 Insalata Nizzarda
16 Bunter Herbstsalat mit gebratenen Kastanien
18 Carpaccio von Zucchini
19 Orientalischer Karottensalat mit Granatapfelkernen und Minze
20 Gemüsesalat «Tre colori»
21 Kohlrabi-Zucchini-Salat mit Bohnenkraut
21 Zucchini-Tzatziki
22 Sizilianischer Bohnensalat
25 Marokkanischer Bauernsalat
26 Panzanella – Toskanischer Brotsalat

ANTIPASTI & PASTEN
30 Apulische Crostini
31 Rucola-Pilz-Bruschetta
32 Bruschette mit Thymian-Tomaten
34 Bruschette mit Artischocken-Dörrtomaten-Creme
35 Kräuter-Gewürz-Nüsse
36 Puntarella
39 Pikante Catalogna cimata
40 Sommerliche Gemüse-Crostini
41 Gebratene Kastanien mit Salbei
42 Focaccia
44 Auberginenkaviar mit Sesam
45 Hummus – Kichererbsenpüree
45 Dörrtomatenpaste
46 Avocadocreme
47 Bohnencreme
47 Tomaten-Peperoni-Pesto
48 Zucchiniröllchen mit Nussfüllung
51 Zucchinifladenbrot
52 Nussdip
52 Mandel-Basilikum-Paste
53 Zucchini-Tatar mit Koriander
54 Peperoni mit Pinienkernen
56 Artischockenpaste
57 Tomaten mit Mandel-Kräuter-Kruste

SUPPEN
61 Umbrische Reis-Linsen-Suppe
62 Grüne Erbsensuppe mit Minze
64 Kastaniensuppe mit Maiskörnern
65 Randensuppe mit Majoran
65 Provenzalische Zwiebelsuppe
66 Süßkartoffel-Linsen-Suppe

PIZZA & PASTA
70 Pizza mit roten Zwiebeln und Oliven
73 Pizza mit Gemüse
75 Orecchiette mit Cima di Rapa
76 Tagliatelle mit Ingwer-Tomatensauce
77 Pasta mit Peperoni-Tomaten-Pesto
78 Farfalle mit Kräuterseitlingen und Auberginen
80 Pasta mit Fenchelbröseln
81 Gemüselasagne
83 Trofie mit Nuss-Sauce

KARTOFFELN, REIS & CO.
86 Zucchinirisotto
89 Karotten mit Sultaninen
89 Mediterranes Kartoffelpüree mit Oliven
90 Kartoffelgnocchi mit Salbei
93 Bratkartoffeln mit Tomaten und Oliven
93 Kartoffeln mit Petersilie und Knoblauch
94 Auberginen mit Sellerie und Tomaten
95 Grießgnocchi mit Tomaten und Basilikum
96 Couscous mit Gemüse und Kichererbsen
98 Ratatouille
99 Provenzalische Kräuter-Oliven-Schnecken
101 Falafel in Pittabrot

DESSERTS
105 Kokos-Panna-cotta mit Fruchtsauce
106 Mandelflan mit Traubenkompott
107 Fruchtkompott in Rotwein
109 Kaki mit Pistazien
110 Gefüllte Datteln
110 Nuss-Kastanien-Truffes
111 Hefepfannkuchen mit Pistazien
112 Dattel-Truffes mit Mandeln
112 Sesam-Kakao-Kugeln
115 Sesamgebäck
115 Beerensorbet
116 Traubensaftsorbet mit Grappa
117 Zitronengranité mit Zitronenverbene
118 Orangensalat mit Datteln und Minze

120 Register

Vorwort & Dank

VORWORT

Vegane Ernährung liegt im Trend. Sie hat in allen Altersgruppen Anhänger, Tendenz steigend. Die Beweggründe sind unterschiedlich.

Ich lebte als Jugendliche vor allem aus Tierschutzgründen lange Zeit vegetarisch und auch vegan. Später, als ich in einem Bio-Laden arbeitete, begann ich wieder, kleine Mengen Bio-Fleisch zu essen. Der Grund war ein Hofbesuch bei einem Demeter-Bauern, der uns Milch lieferte und uns die ökologischen Zusammenhänge mit der Milch erklärte. Ich bin bei einem bescheidenen Fleischkonsum geblieben.

Ich kann mit gutem Gewissen sagen, dass ich seit vielen Jahren vegetarisch und immer häufiger vegan koche und esse. Eigentlich war mir gar nicht bewusst, dass viele meiner Rezepte vegan sind. Die mediterrane Küche allerdings ergibt sich schon durch meinen Wohnort im Tessin, dem Vorgarten zu bella Italia. Mediterran kochen heißt für mich: kochen mit frischen Zutaten und bestem Olivenöl.

Dieses Buch ist eine Sammlung meiner liebsten und beliebtesten veganen Alltagsrezepte. Als Ernährungsfachfrau lege ich Wert darauf, dass das Essen nicht nur vegan, sondern auch gesund ist. Weißmehl und weißer Zucker sollten eine Ausnahme sein. Wer sich vegan ernährt, sollte auf vollwertige Lebensmittel achten. Das ist Voraussetzung für eine optimale Versorgung mit allen lebensnotwendigen Nährstoffen und für eine robuste Gesundheit.

Je mehr Menschen sich mehrheitlich pflanzlich ernähren, umso besser geht es unserem blauen Planeten und seinen Kreaturen, heute und morgen.

Ich wünsche allen von Herzen buon appetito.

Erica Bänziger
Verscio, Frühling 2014

DANK

Danken möchte ich meinen Lehrern, die meinen Horizont erweitert und mein Leben mitgeprägt haben, sei es im persönlichen Kontakt oder durch ihre Buchpublikationen: Dr. Maximilian Bircher Benner, Dr. Max. Otto Bruker, Prof. Dr. rer. nat. Leitzmann, Markus Keller, Dr. med. Rüdiger Dahlke, Barbara Rütting, Christel Kurz, Erwin Braun.

WIDMUNG

Ich widme dieses Buch allen Menschen, die sich auf den lichtvollen und spannenden Weg begeben, weniger tierische Produkte zu konsumieren, und damit dazu beitragen, die Ressourcen der Mutter Erde zu schonen.

Hülsenfrüchte

UNGEFÄHRE GARZEITEN

- große weiße Bohnen
  60 bis 90 Minuten
- kleine weiße Bohnen
  40 bis 60 Minuten
- Borlottibohnen
  60 bis 70 Minuten
- Kichererbsen
  60 Minuten
- Linsen, rote
  20 Minuten
  (ohne Einweichen)
- Linsen, grüne
  30 bis 35 Minuten
  (ohne Einweichen)
- Linsen, braune
  35 bis 45 Minuten
  (ohne Einweichen)

UNTER DEN BEGRIFF HÜLSENFRÜCHTE FALLEN:

- Linsen (braune Linsen, grüne Linsen, schwarze Linsen, rote Linsen …)
- Kichererbsen
- getrocknete Bohnenkerne (große weiße Bohnen/Saubohnen, Borlottibohnen, rote Bohnen/Indianderbohnen, schwarze Bohnen, Sojabohnen …)

× × ×

1. Hülsenfrüchte in ein Sieb geben, verlesen (Steinchen) und unter fließendem kaltem Wasser waschen.

2. Bohnenkerne und Kichererbsen über Nacht oder einige Stunden in viel Wasser einlegen. Oder Bohnenkerne und Kichererbsen im Wasser (1 Liter Wasser je 100 g Hülsenfrüchte) 2 Minuten sprudelnd kochen; über Nacht im Kochwasser einweichen. Linsen müssen nicht eingeweicht werden.

3. Bei sehr kalkhaltigem Wasser empfiehlt es sich, zum Kochen gefiltertes oder abgekochtes Wasser zu verwenden. Auch Mineralwasser ohne Kohlensäure eignet sich.

4. Entgegen der weitverbreiteten Meinung kann das Einweichwasser zum Kochen verwendet werden.

5 **Verdauung:** Wer zu Blähungen neigt, sollte das Einweichwasser 2- bis 3-mal wechseln und die Hülsenfrüchte in frischem Wasser kochen. Bei schwacher Verdauung sind geschälte Hülsenfrüchte wie zum Beispiel rote Linsen verträglicher. Grundsätzlich gilt: je kleiner die Hülsenfrüchte, desto geringer die Blähungen. Blähungshemmende Gewürze sind Dill, Kümmel- und Fenchelsamen. Auch das Mitkochen von einem Stück (3 cm) Kombualge macht die Hülsenfrüchte leichter verdaulich. Die schwer verdaulichen Eiweißverbindungen können gebrochen werden, wenn man kurz vor Ende der Garzeit einen Schuss Apfelessig oder Zitronensaft zum Kochwasser gibt.

6 Hülsenfrüchte erst nach dem Kochen salzen. Salz verlangsamt/verhindert das Weichwerden.

7 **Garzeit:** Je älter und je größer die Hülsenfrüchte, desto länger die Garzeit. Hülsenfrüchte mit dicker Haut (große weiße Bohnen) haben eine längere Garzeit. Eine schnelle Garmethode ist das Garen im Schnellkochtopf (Garzeit: siehe Anleitung Topfhersteller).

× × ×

TIPP Hülsenfrüchte für den Vorrat kochen und zum Anreichern von Salaten und für Antipasti verwenden.

Pastateig

FÜR 4 PORTIONEN

- 350 g Hartweizenmehl oder
  250 g Hartweizenmehl und 100 g Dinkelweißmehl/Type 405
- 1 Prise Meersalz
- 1 EL Olivenöl extra vergine
- ca. 2 dl/200 ml lauwarmes Wasser

1. Mehl auf die Arbeitsfläche häufen, Salz darüberstreuen und Olivenöl darüberträufeln. So viel Wasser zugeben und so lange kneten, bis der Teig glatt und fest ist. Der Teig darf ausgiebig und kräftig bearbeitet werden.

2. Teig bei Zimmertemperatur unter einer Teigschüssel 1 Stunde ruhen lassen. Oder über Nacht in einem Plastikbeutel im Kühlschrank ruhen lassen. Nicht mehr kneten.

3. **Ohne Teigmaschine**: Arbeitsfläche mehlen, Teig in 2–3 Portionen rechteckig ausrollen, immer wieder von der Arbeitsfläche lösen. Kurz antrocknen lassen. Teig in Längsrichtung beidseitig locker gegen die Mitte einschlagen. Nudeln in der gewünschten Breite schneiden. Mit einem Messer unter den geschnittenen Nudeln durchfahren. Nudeln anheben und locker auf einem bemehlten Küchentuch ausbreiten. Wichtig: einmal ausgerollter Teig kann nicht mehr zusammengefügt werden.

4. **Mit Nudelmaschine**: Etwa 40 g Teig zu einer Rolle drehen. Teigmaschine auf die größtmögliche Breite einstellen. Teig durch die Maschine drehen. Teig falten. Ein zweites Mal durch die Maschine drehen. Rollenbreite um eine Einheit verkleinern. Teig abermals durch die Maschine drehen.

5 Nudeln mindestens eine Stunde trocknen lassen. An einem kühlen Ort können die rohen (ungekochten) Nudeln problemlos 3 Tage aufbewahrt werden. Angetrocknete Nudeln können auch tiefgekühlt werden, später gefroren ins Kochwasser geben.

6 **Garzeit**: Je nach Dicke benötigen frische Nudeln 2 bis 3 Minuten, gelagerte und gefrorene Nudeln 3 bis 6 Minuten. Immer wieder probieren. Nudeln mit dem Schaumlöffel aus dem Kochwasser nehmen. In einer vorgewärmten Schüssel mit flüssiger Butter mischen. Sofort servieren.

SALATE

Orangen-Randen-Salat mit Zwiebeln

- 1 Rande/Rote Bete, gekocht oder gebacken
- 2 Orangen, evtl. 1 Blond- und 1 Blutorange
- 1 kleine rote Zwiebel
- 1 EL Olivenöl extra vergine
- 1 EL kaltgepresstes Baumnussöl
- Fleur de Sel
- frisch gemahlener Pfeffer
- glattblättrige Petersilie oder Rucola, nach Belieben

ZUBEREITUNG 15 BIS 20 MINUTEN

1. Rande schälen, in Scheiben schneiden.
2. Orangen dick abschälen und auch die weiße Haut entfernen, in Scheiben schneiden, entkernen.
3. Zwiebel schälen und in feine Scheiben hobeln.
4. Randen-, Orangen- und Zwiebelscheiben auf einer Platte anrichten, mit Öl, Fleur de Sel und Pfeffer abschmecken. Mit klein gezupftem Rucola oder Petersilienblättchen garnieren.

✗ ✗ ✗

VARIANTE Rande und Orangen in Würfelchen, Zwiebel in Streifen oder Brunoise schneiden, mit fein geschnittenem Cicorino rosso mischen.

RANDE/ROTE BETE Auf italienischen Märkten oder beim Italiener kann man auch in Alufolie gebackene Randen kaufen, eine im Süden typische Zubereitungsart. Aus Energiegründen empfehle ich, mehrere Randen in Alufolie zu backen, und zwar 50 Minuten bei 200 °C. Das Gemüse kann im Kühlschrank einige Tage aufbewahrt werden.

INHALTSSTOFFE Baumnussöl/Walnussöl enthält Omega-3-Fettsäuren beziehungsweise die Vorstufe alpha-Linolensäure. Sie hilft, das in der Rande/Roten Bete enthaltene Eisen optimal zu resorbieren. Auch die Petersilie enthält Eisen.

Insalata Nizzarda

1. Von den Bohnen den Stielansatz abknipsen. Im Dampf knackig garen. Unter kaltem Wasser abschrecken.

2. Stangensellerie eventuell schälen und in feine Scheiben schneiden.

3. Alle Zutaten mit der Sauce mischen.

✖ ✖ ✖

TIPP Für den Nizzasalat (Salade Niçoise) gibt es zahlreiche Variationen, beispielsweise mit Würfeln von einer Salatgurke oder einem grünen Peperoni/einer grünen Paprikaschote und grünen Erbsen oder frischen Bohnenkernen. Die hier vorgestellte vegane Variante kommt ohne Eier und Thunfisch aus und schmeckt wunderbar.

GRÜNE BOHNEN gehören zur Familie der Hülsenfrüchte/Leguminosen. Sie liefern hochwertiges pflanzliches Protein, ferner auch Spuren von Jod und Fluor und 60 mg Kalzium (halb so viel wie in der Milch). Petersilie enthält mehr Kalzium als Milch, entsprechend großzügig sollte sie eingesetzt werden.

✖ 100 g grüne Bohnen
✖ 2 Tomaten, geviertelt
✖ 1 Bund Rucola, ca. 80 g, fein gehackt
✖ 100 g Stangensellerie
✖ 1 rote Zwiebel, in feinen Ringen
✖ 8 schwarze Oliven

Sauce
✖ 2 EL Zitronensaft, frisch gepresst
✖ 3–4 EL Olivenöl extra vergine
✖ frisch gemahlener Pfeffer
✖ Meersalz

**ZUBEREITUNG
15 MINUTEN**

Bunter Herbstsalat mit gebratenen Kastanien

- 150 g gemischter Blattsalat: rote und weiße Brüsseler Endivie/Chicorée, Catalogna, Löwenzahn, junger Spinat, Rucola, Endivie
- 1 TL Olivenöl extra vergine oder kalt gepresstes Haselnussöl
- 160 g gekochte Kastanien aus dem Glas
- ½ TL gehackter Thymian oder Rosmarin
- 1 Orange
- 1 kleiner Fenchel

Salatsauce
- 2 EL Rotweinessig oder halb Rotweinessig/halb Balsamico
- 4 EL Olivenöl extra vergine oder halb Olivenöl/halb Haselnussöl
- 1 Msp Senf
- Knoblauch, nach Belieben
- Meersalz
- frisch gemahlener Pfeffer

ZUBEREITUNG 20 MINUTEN

1. Salat in einzelne Blätter zerlegen und in mundgerechte Stücke schneiden/zupfen. Orange mit dem Messer schälen und auch weiße Haut entfernen, in Scheiben schneiden und entkernen. Fenchel längs in sehr feine Scheiben schneiden oder hobeln.

2. Kastanien mit dem Thymian im Olivenöl braten, mit Salz würzen.

3. Blattsalat anrichten. Orangen, Fenchel und lauwarme Kastanien darauf verteilen. Mit Salatsauce beträufeln.

✕ ✕ ✕

VARIANTE Auch Apfel- oder Birnenstückchen und Traubenbeeren passen gut zum Salat. Kastanien durch 2 EL Kräuternüsse (gute Kalziumquelle), Seite 35, austauschen. Das Gemüse kann im Kühlschrank einige Tage aufbewahrt werden.

GESUNDHEIT Das Vitamin C in der Orange hilft, das Eisen im Salat besser zu resorbieren.

Carpaccio von Zucchini

- 2 Zucchini
- 1 kleine Knoblauchzehe, in hauchdünnen Scheiben
- ½ Zitrone, Saft
- 1–2 EL Olivenöl extra vergine
- Fleur de Sel
- frisch gemahlener Pfeffer
- 1 EL geröstete Pinienkerne
- 5 Basilikumblättchen, in Streifen

ZUBEREITUNG 10 MINUTEN

Zucchini beidseitig kappen und auf einem Hobel in feine Scheiben hobeln, anrichten. Mit Knoblauch, Salz und Pfeffer würzen, mit Zitronensaft und Olivenöl beträufeln. Mit Pinienkernen und Basilikum bestreuen.

✗ ✗ ✗

VARIANTE Zucchini durch Champignons, Randen/Rote Beten, Rettich oder Kohlrabi oder einen Mix ersetzen. Olivenöl durch Haselnussöl, Avocadoöl oder Baumnussöl/Walnussöl und eventuell Pinienkerne durch Kürbiskerne oder Sonnenblumenkerne ersetzen.

Champignons, Steinpilze und Kohlrabi können nach gleichem Rezept zubereitet werden.

GESUNDHEIT Baumnussöl enthält Omega-3-Fette beziehungsweise dessen Vorstufe, die alpha-Linolensäure.

Orientalischer Karottensalat mit Granatapfelkernen und Minze

Knoblauch zum Joghurt pressen, Karotte schälen und auf einer groben Reibe dazureiben, Granatapfelkerne und Minze zugeben, gut mischen, mit Salz und Pfeffer abschmecken.

✕ ✕ ✕

TIPP Mit Fladenbrot servieren.

INHALTSSTOFFE Granatapfelkerne enthalten wertvolle Antioxidantien. Sojajoghurt enthält Kalzium und Phytoöstrogene.

- ✕ 300 g Sojajoghurt
- ✕ 1 Knoblauchzehe
- ✕ 1 große Karotte
- ✕ ½ Granatapfel
- ✕ ½ Bund Minze, Blättchen abgezupft und fein geschnitten
- ✕ 1 Prise Salz
- ✕ frisch gemahlener Pfeffer

**ZUBEREITUNG
20 MINUTEN**

Gemüsesalat "Tre colori"

- 150 g junger Spinat
- 150 g Stangensellerie
- 12 Cherrytomaten
- 1 kleiner Fenchel

Salatsauce

- ½ Zitrone, Saft
- 3 EL Olivenöl extra vergine oder kalt gepresstes Haselnussöl
- Fleur de Sel
- frisch gemahlener Pfeffer
- 1 kleine Knoblauchzehe, durchgepresst

**ZUBEREITUNG
10 BIS 15 MINUTEN**

1. Stangensellerie in feine Scheiben schneiden. Tomaten halbieren. Fenchel fein hobeln.
2. Alle Zutaten mit der Salatsauce mischen.

✕ ✕ ✕

TIPP Mit den Kräuter-Gewürz-Nüssen, Seite 35, servieren. Mit knusprigem Zucchinibrot, Seite 51, bekommt man eine feine Mahlzeit.

GESUNDHEIT Der Fenchel ist ein guter Kalzium- und der Spinat ein guter Eisenlieferant. Der Zitronensaft unterstützt die Bioverfügbarkeit.

Kohlrabi-Zucchini-Salat mit Bohnenkraut

Kohlrabi schälen und grob reiben. Zucchino beidseitig kappen und auf der groben Reibe zu den Kohlrabi raspeln. Mit Zitronensaft, Olivenöl Salz, Pfeffer und Bohnenkraut würzen. Mit gerösteten Kürbiskernen bestreuen.

- 1 kleiner Kohlrabi
- 1 Zucchino
- 1 EL Zitronensaft
- 2 EL Olivenöl extra vergine oder kalt gepresstes Haselnussöl
- Fleur de Sel
- frisch gemahlener Pfeffer
- 1 TL fein gehacktes Bohnenkraut
- 1 EL geröstete Kürbiskerne

ZUBEREITUNG 10 MINUTEN

GESUNDHEIT Kürbiskerne und Kohlrabi sind reich an Kalzium. Der Zitronensaft hilft, das Kalzium besser zu resorbieren.

Zucchini-Tzatziki

1. Joghurt und Olivenöl verrühren, würzen.
2. Zucchini beidseitig kappen und klein würfeln. Gurke schälen, halbieren und entkernen und klein würfeln.
3. Alle Zutaten mit dem Joghurt mischen.

✕ ✕ ✕

TIPP Mit Fladenbrot servieren, mit Sesamsamen geniessen.

- 150 g Sojajoghurt
- 1–2 EL Olivenöl extra vergine, evtl. 1 EL Leinöl
- Meersalz oder Kräutermeersalz
- frisch gemahlener Pfeffer
- 1 Bio-Zitrone, wenig abgeriebene Schale
- 150 g junge Zucchini oder 1 Freilandgurke
- 1 Knoblauchzehe, fein gewürfelt
- 1 Handvoll gehackte glattblättrige Petersilie oder Streifen von Basilikumblättern

GESUNDHEIT Sojajoghurt und Kräuter sind reich an Kalzium. Leinöl enthält Omega-3-Fettsäuren.

ZUBEREITUNG 10 MINUTEN

Sizilianischer Bohnensalat

- 2 Portionen kleinblättriger Spinat oder Rucola
- 250 g gekochte große weiße Bohnen, Rezept Seite 8
- 16 Cherrytomaten, halbiert
- 1 rote Zwiebel, in feinen Ringen
- einige schwarze Oliven, nach Belieben

Sauce
- 3 EL Zitronensaft oder Rotweinessig
- 5 EL Olivenöl extra vergine
- Kräutersalz
- frisch gemahlener Pfeffer

ZUBEREITUNG 10 MINUTEN

1 Spinat oder Rucola kurz waschen, trocknen und auf Teller verteilen.

2 Weiße Bohnen, Tomaten, Zwiebeln und Oliven mit der Sauce mischen, auf dem Spinat anrichten.

GESUNDHEIT Weiße Bohnen enthalten wertvolles Kalzium (fast gleich viel wie die Milch), Eisen, Fluorid und Mangan, zudem Selen als Antioxidans und Zink. Der Zitronensaft unterstützt die Resorption von Eisen und Kalzium. Bohnensalat mit Brot kombinieren, das gibt eine gute biologische Eiweißwertigkeit.

Marokkanischer Bauernsalat

1. Gurke schälen, längs halbieren und die Hälften in Scheiben schneiden. Peperoni halbieren, Stielansatz, Kerne und weiße Rippen entfernen, Schotenhälften in Streifen schneiden.

2. Alle Zutaten mit der Sauce mischen.

✖ ✖ ✖

VARIANTE Pro Person 3 bis 4 gehäufte EL Couscous (Rezept Seite 96) unter den Salat mischen. In diesem Fall braucht man noch etwas mehr Olivenöl und den Saft einer weiteren Zitrone. Oder den Salat mit Fladenbrot essen.

GESUNDHEIT Kichererbsen sind reich an Kalzium und eine gute Eisenquelle. Die Kombination von Kichererbsen und Couscous gibt eine hohe biologische Wertigkeit. Der Zitronensaft unterstützt die Resorption von Eisen und Kalzium. Kichererbsen liefern hochwertiges Protein (19 g je 100 g).

- 1 Freilandgurke
- 1 gelber Peperoni/Gemüsepaprika
- 1 rote Zwiebel, in Streifen
- 8 Cherrytomaten, halbiert
- einige schwarze oder grüne Oliven, nach Belieben
- 150 g gekochte Kichererbsen, Rezept Seite 8

Sauce
- 1 Zitrone, Saft
- Kräutersalz
- frisch gemahlener Pfeffer
- 4 EL Olivenöl extra vergine
- 10 Minzeblättchen, in Streifen

**ZUBEREITUNG
10 MINUTEN**

Panzanella – Toskanischer Brotsalat

- 130 g altbackenes Brot/Baguette
- 3 dl/300 ml Gemüsebrühe
- 3–4 EL Rotweinessig
- Olivenöl extra vergine
- frisch gemahlener Pfeffer
- Meersalz
- 12 sardische Tomaten oder Cherrytomaten oder 4 normale Tomaten
- ½ Freilandgurke
- 1 große rote Zwiebel
- ½ Bund glattblättrige Petersilie
- wenig Peperoncino/ Chilischote, klein gewürfelt, nach Belieben
- schwarze Oliven, nach Belieben

ZUBEREITUNG 20 MINUTEN

1 Brot in eine flachen Form legen und mit heißer Gemüsebrühe übergießen, etwa 5 Minuten ziehen lassen. Gut ausdrücken, von Hand oder mit der Gabel zerpflücken. Mit Rotweinessig und Olivenöl beträufeln, mit Pfeffer und Salz abschmecken.

2 Bei den Tomaten den Stielansatz ausstechen und die Früchte halbieren oder vierteln. Gurke schälen und in Scheiben schneiden. Zwiebel in feinste Scheiben/ Ringe schneiden oder hobeln. Petersilie von den Stielen zupfen und fein schneiden.

3 Alle Zutaten mischen, 15 Minuten ziehen lassen.

GESUNDHEIT Tomaten enthalten reichlich Lykopin, ein Antioxidans. Gurken enthalten Selen.

ANTIPASTI & PASTEN

Apulische Crostini

- getoastete, dünne Weißbrotscheiben

- 50 g in Olivenöl eingelegte Dörrtomaten
- 2 EL Kapern
- 10 schwarze oder grüne Oliven, entsteint
- abgezupfte glattblättrige Petersilie
- etwas Meersalz
- frisch gemahlener Pfeffer

**ZUBEREITUNG
5 MINUTEN**

1 Dörrtomaten, Kapern, Oliven und Petersilie am besten im Cutter/Mixer fein hacken, mit Salz und Pfeffer abschmecken.

2 Dörrtomatenmix auf die getoasteten Weißbrotscheiben verteilen.

× × ×

TIPP Ein einfaches und sehr schmackhaftes Antipasto.

GESUNDHEIT Tomaten enthalten wertvolles Lykopin, ein Antioxidans, das in gedörrten Tomaten sehr gut bioverfügbar ist.

Rucola-Pilz-Bruschetta

1. Die Pilze mit einem trockenen Tuch abreiben und fein schneiden oder hacken, im Olivenöl braten, mit Meersalz, Pfeffer, Zitronensaft und Knoblauch abschmecken.

2. Brot toasten. Mit Rucola belegen, Pilzmasse darauf verteilen.

✕ ✕ ✕

VARIANTE Rucola durch jungen Spinat ersetzen. Diesen mit den Pilzen kurz mitdünsten und zusammenfallen lassen.

GESUNDHEIT Spinat liefert Eisen und Kalzium. Pilze enthalten Vitamin D_2.

- 6 Baguette- oder Ruch-/Schwarzbrotscheiben
- 20 g kleinblättriger Rucola oder junger Spinat
- 2 EL Olivenöl extra vergine
- 120 g Steinpilze oder Champignons
- Meersalz
- frisch gemahlener Pfeffer
- etwas Zitronensaft
- durchgepresster Knoblauch

ZUBEREITUNG
15 MINUTEN

Bruschette mit Thymian-Tomaten

- 300 g sardische Tomaten oder Cherrytomaten
- 1 TL fein gehackter Zitronenthymian oder Thymian
- Fleur de Sel
- 2 TL Olivenöl extra vergine
- 1 TL Agavendicksaft

ZUBEREITUNG 20 MINUTEN

1. Tomaten halbieren und auf ein mit Backpapier belegtes Blech legen. Mit Thymian und Salz bestreuen und mit Olivenöl beträufeln.

2. Tomaten im vorgeheizten Ofen bei 220 °C etwa 10 Minuten backen. Die Tomaten müssen leicht weich, aber nicht zu weich sein. Bei halber Backzeit den Agavendicksaft darüberträufeln und die Tomaten damit glasieren.

✕ ✕ ✕

TIPP Die Tomaten auf getoastetem Brot genießen. Eine echte Delikatesse!

Bruschette mit Artischocken-Dörrtomaten-Creme

4 PORTIONEN

- 4 Scheiben Vollkornbaguette, getoastet
- 6 in Olivenöl eingelegte Artischockenherzen
- 1–2 Knoblauchzehen
- 8 in Olivenöl eingelegte Dörrtomaten
- 4 EL Olivenöl extra vergine
- Thymian oder glattblättrige Petersilie oder Basilikum
- Tomatenscheiben
- Basilikum

ZUBEREITUNG 15 MINUTEN

1. Alle Zutaten für die Creme im Cutter/Mixer oder mit einem Messer sehr fein hacken, gut mischen.
2. Artischocken-Dörrtomaten-Creme auf die Baguettescheiben verteilen. Mit Tomatenscheiben und Basilikum garnieren.

✕ ✕ ✕

TIPP Weil es einfacher ist, eine größere Menge zu cuttern/mixen, sind die Zutaten für 4 Portionen angegeben. Die Creme kann im Kühlschrank 1 bis 2 Wochen aufbewahrt werden. Sie passt auch zu Pasta.

IN OLIVENÖL EINGELEGTE DÖRRTOMATEN
Nicht immer findet man eine gute Tomatenqualität. In diesem Fall bevorzuge ich normale Dörrtomaten und lege sie in gutes Olivenöl extra vergine ein.

GESUNDHEIT Dörrtomaten enthalten das wertvolle Antioxidans Lykopin. Artischocken liefern gesunde Bitterstoffe für die Leber. Knoblauch enthält Selen.

Kräuter-Gewürz-Nüsse

Nüsse in einer Bratpfanne ohne Zugabe von Öl rösten, bis sie ein wenig Farbe angenommen haben und zu duften beginnen. Kräuter kurz mitrösten, mit Sojasauce ablöschen. Nüsse sofort aus der Pfanne nehmen. Kalt servieren.

- 100 g Cashewnüsse oder Baum-/Walnüsse oder geschälte Mandeln
- ½ TL gehackte Kräuter wie Rosmarin und Thymian
- 1 EL Sojasauce

ZUBEREITUNG
10 MINUTEN

! GESUNDHEIT Nüsse sind reich an Protein, Kalzium und Eisen. Rosmarin und Thymian enthalten ebenfalls Kalzium.

Puntarella

- 1 Puntarella (findet man beim Italiener)
- ½–1 Zitrone, Saft
- Fleur de Sel
- Olivenöl extra vergine

**ZUBEREITUNG
10 MINUTEN**

Den Strunk der Puntarella großzügig abschneiden und das Gemüse in die einzelnen Sprossen/Stängel teilen. Auf Teller oder eine Platte legen und mit Zitronensaft, Fleur de Sel und Olivenöl würzen.

GESUNDHEIT Wie alle Zichoriengewächse enthält auch die mediterrane Puntarella gesunde Bitterstoffe. Kalzium und Eisen werden durch die Kombination mit Zitronensaft gut resorbiert.

Pikante Catalogna cimata

1. Grüne Teile der Catalogna cimata oder der Catalogna in feine Streifen schneiden.

2. Catalogna, Peperoncino und Knoblauch im Olivenöl knackig anbraten, mit Salz und zusätzlichem Olivenöl abschmecken. Pinienkerne unterrühren.

✘ ✘ ✘

TIPP Lauwarm als Antipasto mit getoastetem Brot servieren.

GESUNDHEIT Wie alle Zichoriengewächse enthält auch die Catalogna cimata gesunde Bitterstoffe. Sie ist wie die Pinienkerne reich an Kalzium und Eisen.

- Olivenöl extra vergine
- 1 Catalogna cimata oder Catalogna/Blattzichorie
- 1 Peperoncino/Chilischote, in feinen Ringen oder Streifchen
- 1 Knoblauchzehe, in feinen Scheiben
- Fleur de Sel
- 1 Handvoll Pinienkerne

**ZUBEREITUNG
15 MINUTEN**

Sommerliche Gemüse-Crostini

MAHLZEIT ZUM MITNEHMEN

- Brotscheiben oder Brötchen, getoastet
- 200 g gegrilltes Gemüse, z. B. Auberginen, Zucchini, Peperoni/ Gemüsepaprika, Zwiebeln, Seite 54
- 2–4 in Olivenöl eingelegte Dörrtomaten oder Artischockenherzen
- 10 Kapern, nach Belieben
- einige entsteinte schwarze Oliven
- 1 Handvoll Basilikum, fein geschnitten, oder glattblättrige Petersilie, fein gehackt
- Meersalz
- frisch gemahlener Pfeffer

ZUBEREITUNG (OHNE BACKZEIT GEMÜSE) 15 MINUTEN

1. Gebackenes Gemüse, Dörrtomaten, Kapern und Oliven nicht zu fein mixen, Kräuter unterrühren, mit Salz und Pfeffer abschmecken. Eventuell zum Mitnehmen in ein Glas füllen.

2. Gemüsemix kurz vor dem Essen auf das getoastete Brot verteilen.

Gebratene Kastanien mit Salbei

1. Kastanien mit einem Salbeiblatt umwickeln, mit einem Zahnstocher fixieren.
2. Kastanien im Olivenöl braten, Rosmarin am Schluss mitbraten, mit Salz und Pfeffer würzen. Warm servieren.

GESUNDHEIT Kräuter enthalten Kalzium. Die Kastanien enthalten Mangan, ein Antioxidans.

- Olivenöl extra vergine
- 12 gekochte Kastanien, aus dem Glas
- 12 Salbeiblätter
- 12 Zahnstocher
- Olivenöl extra vergine
- 1 TL gehackte Rosmarinnadeln oder Thymianblättchen oder gemischt
- Fleur de Sel oder Kräutersalz
- frisch gemahlener Pfeffer

**ZUBEREITUNG
15 MINUTEN**

Focaccia

- 350 g Pizzamehl oder helles Dinkelmehl
- 50 g feiner Hartweizengrieß
- 30 g Hefe
- 1 Prise Rohrohrzucker
- ½ TL Meersalz
- 1 EL Olivenöl extra vergine
- 2 dl/200 ml lauwarmes Wasser

- Schwarzkümmelsamen
- gehackte Rosmarinnadeln
- schwarze Sesamsamen

TEIG ZUBEREITEN 1 STUNDE, BACKEN 15 MINUTEN

1 Mehl und Hartweizengrieß in einer Teigschüssel mischen, eine Vertiefung in die Mitte drücken, Hefe, Zucker und wenig lauwarmes Wasser in die Vertiefung geben, Hefe auflösen, wenig Mehl vom Rand dazugeben, Vorteig etwa 20 Minuten gehen lassen. Salz, Olivenöl und Wasser zugeben, einen Teig kneten. Schüssel mit feuchtem Tuch zudecken. Hefeteig auf das doppelte Volumen aufgehen lassen.

2 Teig in Portionen von etwa 70 g teilen, Kugeln formen und diese flach drücken, auf ein mit Backpapier belegtes Blech legen, mit Schwarzkümmel, Rosmarin oder Sesam bestreuen. Im vorgeheizten Ofen bei 200 bis 220 °C etwa 10 bis 12 Minuten backen, je nach Dicke der Focacce.

✕ ✕ ✕

PASTEN (Abbildung: von links nach rechts) Auberginenkaviar, Seite 44, Hummus und Dörrtomatenpaste, Seite 45

GESUNDHEIT Schwarzkümmelsamen enthalten die wertvolle Gamma-Linolensäure. Sesamsamen und Rosmarin sind reich an Kalzium.

Auberginenkaviar mit Sesam

- 250 g Auberginen
- 1 EL Sesampaste
- 1 EL Olivenöl extra vergine
- 1 Knoblauchzehe, zerkleinert
- ½ Bund glattblättrige Petersilie, Blättchen abgezupft
- ½ Zitrone, Saft
- Meersalz

ZUBEREITUNG 50 MINUTEN

1. Auberginen mit einem Messer rundum einige Male einstechen. Auf ein mit Backpapier belegtes Blech legen und im vorgeheizten Ofen bei 220 °C 35 bis 40 Minuten backen. Auberginen herausnehmen, abkühlen lassen, schälen.

2. Alle Zutaten fein pürieren, mit Salz abschmecken.

× × ×

Abbildung Seite 43

GESUNDHEIT Die Sesampaste ist eine gute Kalziumquelle und wird mit dem Zitronensaft bestens resorbiert. Sesamsamen haben von allen Lebensmitteln den höchsten Kalziumgehalt.

Hummus – Kichererbsenpüree

Alle Zutaten zu einer homogenen Masse pürieren.

✕ ✕ ✕

Abbildung Seite 43

> **!** **GESUNDHEIT** Das Kichererbsenpüree enthält wertvolles Protein, Eisen und Kalzium sowie das Antioxidans Selen. Wenn man 1 EL Olivenöl durch 1 EL Leinöl ersetzt, bekommt man zusätzlich eine gute Versorgung mit Omega-3-Fettsäuren.

- 130 g gekochte Kichererbsen, Seite 8
- ½ Bund glattblättrige Petersilie oder Koriander
- 1 EL Sesampaste
- 1 Zitrone, Saft
- 5 EL Olivenöl extra vergine oder halb Olivenöl/halb kalt gepresstes Haselnussöl
- 2 Knoblauchzehen, zerkleinert

ZUBEREITUNG 10 MINUTEN

Dörrtomatenpaste

1. Dörrtomaten in warmes Wasser legen und 2 bis 3 Stunden oder über Nacht stehen lassen. Wasser abgießen.
2. Alle Zutaten zu einer Paste mixen. Je nach Konsistenz zusätzlich Olivenöl unterrühren, mit Salz und Pfeffer abschmecken.

✕ ✕ ✕

Abbildung Seite 43

TIPP Die Paste passt zu Focacce, Seite 42, und sie eignet sich zum Füllen von Zucchinistreifen oder halbierten kleinen Peperoni/Gemüsepaprika, Seite 48.

- 180 g Dörrtomaten
- 2 EL schwarze Olivenpaste
- ½ Bund Basilikum, Blättchen abgezupft
- 1 Knoblauchzehe, nach Belieben
- 5 EL Olivenöl extra vergine
- Meersalz
- frisch gemahlener Pfeffer

ZUBEREITUNG 10 MINUTEN

Avocadocreme

- 1 reife Avocado
- ½ Zitrone, Saft
- ½ Bund Petersilie oder Koriander
- 1 Knoblauchzehe
- frisch gemahlener Pfeffer

**ZUBEREITUNG
10 MINUTEN**

Avocado halbieren, Stein entfernen, Fruchtfleisch aus der Schale lösen und mit Zitronensaft, abgezupfter Petersilie und durchgepresster Knoblauchzehe pürieren, mit Pfeffer abschmecken.

x x x

TIPP Passt zu Focacce (warm servieren), Seite 42

GESUNDHEIT Die Avocado enthält viele wertvolle ungesättigte Fettsäuren.

Bohnencreme

Alle Zutaten pürieren, mit Zitronensaft, Salz und Pfeffer abschmecken.

✕ ✕ ✕

VARIANTE Die Petersilie kann durch Basilikum ersetzt werden.

TIPPS Doppelte Menge zubereiten und tiefkühlen. Wenn es schnell gehen muss, wird die Paste im warmen Wasserbad aufgetaut. Die Paste passt zu Focacce und zu getoastetem Brot.

GESUNDHEIT Hülsenfrüchte sind reich an hochwertigem Protein, Kalzium und Selen. Mit der Focaccia oder einfach nur getoastetem Brot bekommt man eine perfekte Eiweißergänzung.

- 130 g gekochte weiße Bohnen, Seite 8
- 3 EL Olivenöl extra vergine
- ½ TL Senf
- 1 kleine Knoblauchzehe, grob gehackt
- ½ Bund glattblättrige Petersilie, Blättchen abgezupft
- wenig frisch gepresster Zitronensaft
- Meersalz
- frisch gemahlener Pfeffer

ZUBEREITUNG
5 BIS 10 MINUTEN

Tomaten-Peperoni-Pesto

Alle Zutaten zu einem Pesto mixen.

✕ ✕ ✕

TIPP Den Pesto mit Pasta mischen oder zum Füllen halbierter, kleiner Peperoni/Gemüsepaprika, Seite 48, oder zum Füllen von Zucchinistreifen, Seite 48, verwenden.

- Reste von gebackenen Peperoni/Gemüsepaprika, Seite 40
- Dörrtomaten
- Pinienkerne
- Basilikum

ZUBEREITUNG
10 MINUTEN

Zucchiniröllchen mit Nussfüllung
Abbildung vorne

- 1 mittelgroßer Zucchino
- 50 g Weißbrot, am besten Baguette
- 30 g Baum-/Walnüsse oder Pinienkerne
- ¼ Zitrone, Saft
- 12 Basilikumblättchen oder glattblättrige Petersilie
- 3–4 Minzeblättchen (im Sommer sehr erfrischend)
- Meersalz
- frisch gemahlener Pfeffer
- 1 EL Olivenöl extra vergine, nach Belieben
- Zitronenöl, zum Servieren

ZUBEREITUNG 30 MINUTEN

1. Zucchino beidseitig kappen und auf einem feinen Hobel längs in Streifen hobeln. Im Steamer oder im Dampf etwa 1 Minute garen. Auskühlen lassen.
2. Für die Füllung das Brot würfeln und mit wenig Wasser befeuchten, mit den übrigen Zutaten grob mixen, mit Salz, Pfeffer und Olivenöl abschmecken.
3. Füllung auf den Zucchinistreifen verstreichen, aufrollen. Mit Zahnstochern fixieren. Kalt servieren. Zitronenöl separat servieren.

× × ×

TIPP Es ist einfacher, eine größere Menge der Füllung zuzubereiten.

VARIANTE Die Füllung kann, eventuell gemischt mit Pesto, zu Pasta serviert werden.

AUBERGINENRÖLLCHEN Auberginen beidseitig kappen und längs in Scheiben schneiden. Je nach Dicke 4 Minuten im Dampf garen oder im Olivenöl braten, bis sie weich sind.

GEFÜLLTE PEPERONI/GEMÜSEPAPRIKA (Abbildung hinten) Dörrtomatenpaste, Seite 45, Tomaten-Peperoni-Pesto, Seite 47

GESUNDHEIT Baum-/Walnüsse enthalten wertvolle Omega-3-Fettsäuren.

Zucchinifladenbrot

1. Mehl in eine Teigschüssel geben und in die Mitte eine Vertiefung drücken, Hefe, Zucker und wenig lauwarmes Wasser in die Vertiefung geben, Hefe auflösen, wenig Mehl vom Rand dazugeben, Vorteig etwa 20 Minuten gehen lassen. Salz, Olivenöl und Wasser zugeben, zu einem Teig kneten. Schüssel mit einem feuchten Tuch zudecken. Hefeteig auf das doppelte Volumen aufgehen lassen.

2. Zucchini beidseitig kappen, auf einer feinen Reibe reiben, in einem Sieb ausdrücken, mit den Kräutern in den Hefeteig kneten.

3. Teig in das mit Backpapier belegte Blech füllen. Oder aus dem Teig eine Kugel formen und auf ein mit Backpapier belegtes Blech legen. Im vorgeheizten Backofen bei 220 °C 20 bis 25 Minuten backen.

FÜR EIN KUCHENBLECH VON 28 CM DURCHMESSER

- 300 g Dinkelruchmehl/-schwarzmehl/Type 1050
- 20 g Bio-Hefe
- 1/2 TL Zucker
- 1/4 TL Meersalz
- 1 EL Olivenöl extra vergine
- 1,8 dl/180 ml Wasser
- 200 g Zucchini oder Kürbis (Herbst/Winter)
- 2–3 EL abgezupfte Thymianblättchen oder gehackte Rosmarinnadeln
- 1/2 Bund Basilikum, fein geschnitten

ZUBEREITUNG 2 STUNDEN

Nussdip

- 50 g geriebene Baum-/Walnüsse
- 1 EL Ahornsirup
- 2 TL Senf
- 1 TL Balsamico
- Meersalz
- frisch gemahlener Pfeffer
- wenig Gemüsebrühe

ZUBEREITUNG 10 MINUTEN

Nüsse, Ahornsirup, Senf und Balsamico verrühren, mit Salz und Pfeffer abschmecken, je nach Konsistenz mit Gemüsebrühe verdünnen.

✖ ✖ ✖

TIPP Passt zu Rohkost wie Karotten, Kohlrabi, Rettich, Brokkoli- und Blumenkohlröschen, Peperoni/Gemüsepaprika.

 GESUNDHEIT Baum-/Walnüsse enthalten wertvolle Omega-3-Fettsäuren.

Mandel-Basilikum-Paste

- 1 Knoblauchzehe
- 50 g geschälte, fein geriebene Mandeln
- 30 g entsteinte schwarze Oliven
- einige Kapern
- 3 EL fein geschnittenes Basilikum
- 1 EL gehackte Petersilie
- 3–4 EL Olivenöl extra vergine oder halb Olivenöl/halb Leinöl
- Meersalz
- frisch gemahlener Pfeffer

ZUBEREITUNG 10 MINUTEN

Alle Zutaten zu einer Paste mixen, mit Salz und Pfeffer abschmecken.

 GESUNDHEIT Leinöl ist eine gute Quelle für Omega-3-Fettsäuren.

Zucchini-Tatar mit Koriander

Zucchino beidseitig kappen, mit einem Messer in feine Längsstreifen und diese in Würfelchen schneiden, mit Zitronensaft, Olivenöl und Koriander mischen, mit Salz und Pfeffer abschmecken.

✕ ✕ ✕

TIPPS Als Antipasto mit getoasteter Vollkorn-Baguette servieren. Tatar in Flanförmchen pressen und auf Teller stürzen.

VARIANTEN Gemüse mit gehackten Pinienkernen anreichern. Koriander durch Basilikum ersetzen. Zucchino durch Fenchel oder Moschuskürbis ersetzen. Auch ein Mix von Zucchino und Fenchel schmeckt wunderbar (mit wenig Senf abrunden).

- 1 mittelgroßer Zucchino, 200 g
- ½ Zitrone, Saft
- 2 EL Olivenöl extra vergine oder kalt gepresstes Haselnussöl
- ¼ Bund Koriander, fein gehackt
- Meersalz
- frisch gemahlener Pfeffer

**ZUBEREITUNG
10 BIS 15 MINUTEN**

! **GESUNDHEIT** Koriander enthält wie alle Kräuter Kalzium und ist zudem stark entgiftend.

Peperoni mit Pinienkernen

- 2–3 große gelbe und rote Peperoni/Gemüsepaprika, am besten vom Markt beim Italiener
- Fleur de Sel
- frisch gemahlener Pfeffer
- Olivenöl extra vergine
- 1 TL Pinienkerne
- Basilikum oder Minze

ZUBEREITUNG 45 MINUTEN

1. Ganze Peperoni auf ein mit Backpapier belegtes Blech legen und im Ofen bei 200 bis 220 °C 25 bis 30 Minuten backen, bis die Haut schwarz ist. Aus dem Ofen nehmen und mit einem feuchten Küchentuch zudecken, abkühlen lassen. Haut entfernen, Schoten halbieren und entkernen.

2. Peperoni auf einer Platte anrichten, mit Salz, Pfeffer und Olivenöl würzen. Mit Pinienkernen und Kräutern garnieren.

✗ ✗ ✗

ZUM REZEPT Das Gemüse liebe ich so zubereitet über alles. Mit Baguette servieren.

TIPP Am besten gleich eine größere Menge backen und für eine Pasta-Mahlzeit (Seite 77) verwenden.

Artischockenpaste

- 150 g in Olivenöl eingelegte Artischockenherzen
- 1 kleine Knoblauchzehe
- ½ Zitrone, Saft
- 2 EL Olivenöl extra vergine
- 1 EL fein gehackte glattblättrige Petersilie
- 1 EL fein geschnittene Minze
- wenig Peperoncino/Chilischote, fein gewürfelt

ZUBEREITUNG 10 MINUTEN

Abgetropfte Artischockenherzen mit den übrigen Zutaten zu einer Paste pürieren.

✕ ✕ ✕

TIPPS Auf getoasteten Brotscheiben servieren. Oder Zutaten von Hand fein hacken und Brot separat servieren.

Tomaten mit Mandel-Kräuter-Kruste

1. Geriebene Mandeln mit Kräutern und Zitronenschale mischen, mit Kräutersalz und Pfeffer würzen.

2. Bei den Tomaten den Stielansatz ausstechen, Tomaten in Scheiben schneiden.

3. Tomatenscheiben in der Mandel-Kräuter-Masse panieren. Im Olivenöl beidseitig kurz braten.

GESUNDHEIT Mandeln und Kräuter liefern wertvolles Kalzium.

- 4 Fleischtomaten
- 3 EL geriebene Mandeln
- 3 EL gehackte Kräuter: Basilikum, Thymian, Rosmarin, Salbei, Majoran
- 1 Bio-Zitrone, wenig abgeriebene Schale
- Kräutermeersalz
- frisch gemahlener Pfeffer
- 3 EL Olivenöl extra vergine

ZUBEREITUNG
15 MINUTEN

SUPPEN

Umbrische Reis-Linsen-Suppe

1. Braune Linsen über Nacht einweichen.

2. Zwiebeln und Knoblauch im Olivenöl anschwitzen, Linsen und Reis zugeben, mit Gemüsebrühe ablöschen, köcheln lassen, bis die Linsen und der Reis weich sind.

3. Tomaten an der Spitze übers Kreuz einschneiden und in einem Schaumlöffel in kochendes Wasser tauchen, bis sich die Haut löst, unter kaltem Wasser abschrecken. Schälen. Oder: Tomaten mit fester Haut mit dem Sparschäler schälen. Stielansatz ausstechen. Tomaten würfeln.

4. Tomatenwürfelchen zur Suppe geben, weitere 10 Minuten köcheln lassen. Mit Pfeffer abschmecken. Petersilie von den Stielen zupfen und grob schneiden, zur Suppe geben. Anrichten. Mit Olivenöl beträufeln.

✕ ✕ ✕

VARIANTEN Reis durch Quinoa ersetzen. Bohnen oder Erbsen mitkochen.

TIPP Für eine sättigende Mahlzeit die Zutaten verdoppeln.

- 1 EL Olivenöl extra vergine
- 1 kleine Zwiebel, fein gewürfelt
- 1 Knoblauchzehe, fein gewürfelt
- 50 g braune Linsen
- 60 g Risottoreis
- ½ l Gemüsebrühe
- 200 g Fleischtomaten
- frisch gemahlener Pfeffer
- ½ Bund glattblättrige Petersilie
- Olivenöl extra vergine, zum Abrunden

**ZUBEREITUNG
30 MINUTEN**

GESUNDHEIT Die Kombination von Linsen und Reis liefert wertvolles Protein.

Grüne Erbsensuppe mit Minze

MAHLZEIT

- 800 g grüne Erbsenschoten
- 10 Minzeblättchen
- ½ l Gemüsebrühe
- 2 EL Olivenöl extra vergine oder Avocadoöl, zum Abrunden
- frisch gemahlener Pfeffer

ZUBEREITUNG
15 MINUTEN

1. Erbsen aus den Schoten lösen.
2. Erbsen, Minze und Gemüsebrühe aufkochen, 2 bis 3 Minuten kochen lassen, Öl zugeben, pürieren. Mit Pfeffer abschmecken.

✘ ✘ ✘

VARIANTE   Minze durch Basilikum ersetzen; diesen aber nicht mitkochen, sondern vor dem Pürieren zur Suppe geben.

GESUNDHEIT   Die Häutchen frischer grüner Erbsen sind sehr zart und wertvolle Ballaststoffe. Würde man die pürierte Suppe durch ein Sieb streichen, bliebe im Sieb kaum etwas zurück. Die Suppe enthält Eisen, Kalzium und Proteine.

Kastaniensuppe mit Maiskörnern

- 1 EL Olivenöl extra vergine
- 1 kleine Zwiebel, fein gewürfelt
- 150 g tiefgekühlte Kastanien
- 6 dl/600 ml Gemüsebrühe
- 1 Zuckermaiskolben (120 g Maiskörner)
- wenig Sojarahm/-sahne, nach Belieben
- 1 Bund Schnittlauch, fein geschnitten

ZUBEREITUNG 30 MINUTEN

1. Maiskolben von Hüllblättern und Barthaaren befreien. Den Kolben quer halbieren und die Hälften mit der Schnittfläche auf die Arbeitsfläche stellen. Maiskörner mit einem scharfen Messer vom Kolben schneiden.

2. Zwiebeln im Olivenöl anschwitzen, Kastanien zugeben, mit Gemüsebrühe auffüllen, köcheln lassen, bis die Kastanien weich sind. Die Hälfte der Kastanien aus der Suppe fischen und beiseitelegen, Suppe pürieren.

3. Kastaniensuppe aufkochen, Maiskörner zugeben und 2 bis 3 Minuten köcheln lassen. Sojarahm und Schnittlauch unterrühren, Kastanien zugeben, nochmals erhitzen. Suppe anrichten.

INHALTSSTOFFE Die Kastanie ist ein glutenfreies, basisches, sättigendes Stärkeprodukt. Die Frucht ist reich an Kalium, was zu einer natürlichen, sanften Entwässerung des Organismus führt.

Randensuppe mit Majoran

1. Zwiebeln und Randen im Haselnussöl anschwitzen, mit der Gemüsebrühe auffüllen, aufkochen, Kreuzkümmel und Majoran zugeben, köcheln lassen, bis das Gemüse weich ist. Suppe pürieren.

2. Randensuppe anrichten, mit Haselnussöl beträufeln und mit Majoran bestreuen.

✗ ✗ ✗

ZUM REZEPT Die Suppe bekommt eine wunderschöne, tiefrote Farbe.

- 1 EL kaltgepresstes Haselnussöl oder Olivenöl extra vergine
- 1 kleine Zwiebel, klein gewürfelt
- 300 g rohe Randen/Rote Beten, geschält, klein gewürfelt
- ½ l Gemüsebrühe
- 1 Prise Kreuzkümmelpulver
- 1 kleines Sträußchen frischer Majoran, Blättchen abgezupft (davon einige für die Garnitur beiseitelegen)
- Meersalz

ZUBEREITUNG 30 MINUTEN

Provenzalische Zwiebelsuppe

1. Zwiebeln im Olivenöl anschwitzen, Mehl darüberstreuen, Rosmarin und Lorbeerblatt zugeben, mit Weißwein ablöschen und mit der Gemüsebrühe auffüllen, Zwiebelsuppe 20 bis 25 Minuten köcheln lassen. Lorbeerblatt entfernen. Suppe mit Pfeffer abschmecken. Anrichten. Mit Petersilie bestreuen.

2. Baguettescheiben toasten, mit Olivenöl und Fleur de Sel würzen.

✗ ✗ ✗

TIPP In der Provence wird anstelle von Rosmarin oder Majoran oft Thymian oder Sarriete (wildes Bohnenkraut) oder wildes Fenchelkraut verwendet.

- 1 EL Olivenöl extra vergine
- 4 kleine Zwiebeln, in feinen Ringen
- ½ EL Mehl
- ½ TL fein gehackte Rosmarinnadeln oder fein geschnittene Majoranblättchen
- 1 Lorbeerblatt
- 1 dl/100 ml Weißwein
- ½ l Gemüsebrühe
- frisch gemahlener Pfeffer
- abgezupfte glattblättrige Petersilie

- 4 Baguettescheiben
- Olivenöl extra vergine
- Fleur de Sel
- 1 EL gehackte glattblättrige Petersilie

ZUBEREITUNG 30 MINUTEN

Süßkartoffel-Linsen-Suppe

- 1 EL Olivenöl extra vergine
- 1 kleine Zwiebel, klein gewürfelt
- 50 g rote Linsen
- 150 g Süßkartoffeln, geschält, gewürfelt
- 1 Msp Gelbwurz/Kurkuma
- fein geriebener Ingwer
- 1 Prise Kreuzkümmelpulver
- 4 dl/400 ml Gemüsebrühe
- frisch gemahlener Pfeffer

- Zitronenöl (mit Zitronen aromatisiertes Olivenöl)
- Portulak oder abgezupfte glattblättrige Petersilie, für die Garnitur

ZUBEREITUNG 25 MINUTEN

1. Zwiebeln im Öl anschwitzen, rote Linsen mitdünsten, Süßkartoffeln und Gelbwurz zugeben, mit Ingwer und Kreuzkümmel würzen, mit Gemüsebrühe auffüllen, köcheln lassen, bis Linsen und Süßkartoffeln weich sind. Die Suppe pürieren.

2. Suppe nochmals erhitzen, mit Pfeffer abschmecken und anrichten. Mit Zitronenöl beträufeln und mit Portulak garnieren.

✘ ✘ ✘

VARIANTEN   Der Ingwer kann nach Belieben dosiert werden.

GESUNDHEIT   Linsen enthalten wertvolles Eisen, Kalzium, Phosphor und Niacin.

PIZZA & PASTA

Pizza mit roten Zwiebeln und Oliven

FÜR 2 PIZZEN

- 1 Portion Pizzateig, Seite 73
- 4 große rote Zwiebeln, in feinen Scheiben/Ringen
- 1 großer Peperoncino/ Chilischote, in feinen Ringen
- schwarze Oliven
- Fleur de Sel
- frisch gemahlener Pfeffer
- Olivenöl extra vergine

ZUBEREITUNG 1 BIS 1½ STUNDEN

1. Pizzateig halbieren und auf bemehlter Arbeitsfläche rund ausrollen. Auf ein mit Backtrennpapier belegtes Blech legen. Pizzen mit Zwiebeln, Peperoncini und Oliven belegen. Mit Salz und Pfeffer würzen.

2. Pizzen im vorgeheizten Ofen bei 220 bis 230 °C etwa 12 Minuten backen. Mit Olivenöl beträufeln.

Pizza mit Gemüse

1. Mehl und Hartweizengrieß in einer Teigschüssel mischen, eine Vertiefung drücken, Hefe, Zucker und wenig lauwarmes Wasser in die Vertiefung geben, Hefe auflösen, wenig Mehl vom Rand unterrühren, Vorteig etwa 20 Minuten gehen lassen. Salz, Olivenöl und Wasser zugeben, zu einem Teig kneten. Schüssel mit einem feuchten Tuch zudecken. Hefeteig auf das doppelte Volumen aufgehen lassen.

2. Für den Belag Zucchini und Aubergine beidseitig kappen und in 2 bis 3 mm dicke Scheiben schneiden. Peperoni längs halbieren und entkernen. Alles Gemüse in einer weiten Bratpfanne im Olivenöl bissfest braten.

3. Pizzateig halbieren und auf bemehlter Arbeitsfläche rund ausrollen. Auf mit Backtrennpapier belegtes Blech legen, mit Olivenöl beträufeln. Im vorgeheizten Ofen bei 250 °C etwa 11 Minuten backen. Herausnehmen und mit Grillgemüse und Oliven belegen. Pizzen kurz in den Ofen schieben, damit das Gemüse heiß wird. Mit Salz und Pfeffer würzen, mit Olivenöl beträufeln. Mit Basilikum oder Rucola garnieren.

FÜR 2 PIZZEN

Pizzateig
- 350 g Pizza- oder Dinkelmehl/Type 405
- 50 g feiner Hartweizengrieß
- 30 g Bio-Hefe
- 1 Prise Rohrohrzucker
- ½ TL Meersalz
- 1 EL Olivenöl extra vergine
- 2 dl/200 ml lauwarmes Wasser

Belag
- 2 Zucchini
- 1 Aubergine
- 4 Mini-Peperoni/ -Gemüsepaprika
- Meersalz
- frisch gemahlener Pfeffer
- Olivenöl extra vergine
- schwarze Oliven
- Basilikum oder Rucola, nach Belieben

ZUBEREITUNG 1 BIS 1½ STUNDEN

Orecchiette mit Cima di Rapa

1. Die grossen Blätter der Cima di Rapa entfernen. Stängel mit Blättern und Blütenansatz in Streifen schneiden.

2. Knoblauch und Peperoncino in wenig Olivenöl weich dünsten.

3. Pasta laut Anweisung auf der Packung in reichlich Salzwasser al dente kochen, Cima di Rapa die letzten 4 Minuten mitkochen. Abgießen. Mit Olivenöl mischen.

4. Pasta anrichten, Knoblauch-Peperoncino-Mix und Pinienkerne darüber verteilen.

✖ ✖ ✖

VARIANTE Cima di Rapa durch Brokkoli ersetzen. Stängel schälen und in Stücke schneiden. Blume in kleine Stücke teilen.

CIMA DI RAPA ist ein typisch italienisches Wintergemüse. Es kommt aus Apulien und ist bei Großverteilern und auf dem Markt beim Italiener erhältlich. Die Cima di Rapa ist mit dem Raps verwandt.

- 200 g–250 g frische Pasta, z. B. Orecchiette, oder 140 g getrocknete Pasta
- 350 g Cima di Rapa/ Stängelkohl
- 4 EL Olivenöl extra vergine
- 1–2 Knoblauchzehen, in feinen Scheiben
- 1 Peperoncino/Chilischote, in feinen Ringen
- 2 EL trocken geröstete Pinienkerne

ZUBEREITUNG 30 MINUTEN

GESUNDHEIT Cima di Rapa enthält Kalzium und ist ein Antioxidans.

Tagliatelle mit Ingwer-Tomatensauce

- 200 g Tagliatelle ohne Ei

Sauce
- 2 EL Olivenöl extra vergine
- 1 mittelgroße Zwiebel, in feinen Streifen/Ringen
- 400 g erntefrische Tomaten oder aus dem Glas
- 2 cm Ingwerwurzel
- frisch gemahlener Pfeffer
- Meersalz

- abgezupfte glattblättrige Petersilie
- Olivenöl extra vergine, zum Servieren

ZUBEREITUNG 30 MINUTEN

1 Für die Sauce die Tomaten schälen: Seite 61. Stielansatz ausstechen, Tomaten vierteln und entkernen.

2 Zwiebeln im Olivenöl 5 Minuten anschwitzen, Tomaten 2 bis 3 Minuten mitdünsten. Ingwer schälen und auf einer feinen Reibe dazureiben, mit Salz und Pfeffer abschmecken. Warm halten.

3 Tagliatelle nach Anweisung auf der Packung al dente kochen. Abgießen. Mit der Tomatensauce mischen. Mit Petersilie bestreuen.

× × ×

REZEPT Die Kombination von Tomaten, Ingwer und Zwiebeln schmeckt sensationell gut. Das Rezept stammt von einem Olivenöl-Freund.

Pasta mit Peperoni-Tomaten-Pesto

1. Alle Zutaten zu einem Pesto mixen.
2. Pasta in reichlich Salzwasser al dente kochen, abgießen, mit dem Pesto mischen, sofort servieren.

✗ ✗ ✗

TIPP Der Pesto eignet sich auch zum Füllen halbierter, kleiner Peperoni/Gemüsepaprika (Seite 48).

✗ 140 g Pasta nach Wahl

Pesto
✗ 200–300 g Reste von gebackenen Peperoni/Gemüsepaprika, Seite 54
✗ 1 Handvoll in Olivenöl eingelegte Dörrtomaten
✗ 2–3 EL Pinienkerne
✗ 1 Bund Basilikum

**ZUBEREITUNG
10 MINUTEN**

Farfalle mit Kräuterseitlingen und Auberginen

- 250 g Farfalle oder Pasta nach Wahl
- 3–4 EL Olivenöl extra vergine
- 250 g Kräuterseitlinge
- 250 g Auberginen
- ½ Bio-Zitrone, abgeriebene Schale
- 1 Bund glattblättrige Petersilie, fein gehackt
- 2 EL Pinienkerne
- frisch gemahlener Pfeffer
- Meersalz

ZUBEREITUNG 30 MINUTEN

1. Pilze in Würfelchen schneiden. Auberginen beidseitig kappen und in Würfelchen schneiden. Pilze und Auberginen in 2 EL Olivenöl langsam rund 15 Minuten braten.

2. Pasta in reichlich Salzwasser al dente kochen und abgießen.

3. Pasta, Auberginen-Pilz-Mix, Zitronenschale, Petersilie und Pinienkerne mischen, mit Pfeffer, Salz und Olivenöl abschmecken.

✕ ✕ ✕

VARIANTE Kräuterseitlinge durch Champignons ersetzen.

Pasta mit Fenchelbröseln

- 200 g Pasta, z. B. Penne
- 2 EL Olivenöl extra vergine
- 1 kleine Knoblauchzehe, fein gewürfelt
- 1 bauchiger Fenchel
- ½ Bio-Zitrone, abgeriebene Schale und Saft
- Meersalz
- ½ EL Olivenöl extra vergine
- 30 g Weißbrot, ohne Rinde, zerpflückt
- 1 kleiner Peperoncino/Chilischote, halbiert, entkernt, in Streifen
- 2 EL gehackte glattblättrige Petersilie

ZUBEREITUNG 30 MINUTEN

1. Beim Fenchel grobfasrige Teile mit Sparschäler entfernen, Knolle längs halbieren und quer in feine Streifen schneiden.

2. Knoblauch und Fenchel im Olivenöl 5 Minuten anschwitzen, mit Zitronensaft ablöschen, mit Salz abschmecken. Aus der Pfanne nehmen und beiseitestellen.

3. Pasta in reichlich Salzwasser al dente kochen, abgießen.

4. Brot in der Fenchelpfanne im Olivenöl rösten, mit Zitronenschale abschmecken. Fenchel und Pasta zugeben, vermengen, Peperoncini und Petersilie unterrühren.

Gemüse-lasagne

1. Gemüse in Würfel schneiden oder auf einem Gemüsehobel grob in Streifen oder in Scheiben hobeln.

2. Zwiebeln und Knoblauch im Olivenöl anschwitzen, Gemüse zugeben und mitdünsten, Tomaten und Kräutermischung zugeben. 10 Minuten köcheln lassen. Würzen. Basilikum oder Petersilie von den Stielen zupfen und fein schneiden, unter das Gemüse rühren.

3. Für die Béchamelsauce das Mehl im Olivenöl hell anrösten, Sojamilch nach und nach zugeben und immer wieder glatt rühren, würzen, 10 Minuten köcheln lassen.

4. Den Boden der Gratinform mit Béchamelsauce bedecken, Lasagneblätter darauflegen, fortfahren mit Gemüseragout, Lasagneblättern … abschließen mit Lasagneblättern und Béchamelsauce.

5. Die Lasagne im vorgeheizten Ofen bei 200 °C etwa 40 Minuten backen. 10 Minuten vor Ende der Backzeit mit geriebenen Haselnüssen bestreuen.

FÜR 2 BIS 3 PORTIONEN

- 3 Lagen Lasagneblätter, ohne Vorkochen
- 2 EL Olivenöl extra vergine
- 1 kleine Zwiebel, fein gewürfelt
- 1 Knoblauchzehe, durchgepresst
- 700 g gemischtes Gemüse: Zucchino, Lauch, Aubergine (im Winter Champignons), Peperoni/Gemüsepaprika (im Winter Kürbis oder Karotten), Stangensellerie
- 400 g Tomatenwürfelchen (im Winter aus der Dose)
- 2 TL italienische Kräutermischung
- Meersalz
- frisch gemahlener Pfeffer
- 1 Bund Basilikum oder Petersilie

Béchamelsauce
- 1 EL Olivenöl extra vergine
- 1 EL Mehl
- 2 ½ dl/250 ml Sojamilch
- 1 Prise Muskatnuss
- Meersalz
- frisch gemahlener Pfeffer

- 3–4 EL geriebene Haselnüsse

ZUBEREITUNG 80 MINUTEN

Trofie mit Nuss-Sauce

1. Brötchen in wenig Wasser einweichen, nach 5 Minuten ausdrücken. Alle Zutaten für die Sauce mixen.
2. Pasta in reichlich Salzwasser al dente kochen, abgießen, mit Sauce mischen, sofort servieren.

✕ ✕ ✕

TIPP Die Nuss-Sauce passt auch zu gekochtem Gemüse.

TROFIE Ligurische Pastaspezialität (gedrehte, spitz zulaufende Hartweizennudeln)

GESUNDHEIT Nüsse und Pasta sind eine gute Proteinkombination. Die Nüsse liefern wertvolle Omega-3-Fettsäuren beziehungsweise die Vorstufe alpha-Linolensäure.

- 140 g Trofie oder Pasta nach Wahl

Nuss-Sauce
- ¼ altbackenes Brötchen
- 70 g Baum-/Walnüsse
- ½ EL Pinienkerne
- 1 ½–2 EL Olivenöl extra vergine
- 1 kleine Knoblauchzehe
- Meersalz
- frisch gemahlener Pfeffer
- 1 TL fein gehackter Majoran, Rosmarin oder Thymian

ZUBEREITUNG 20 MINUTEN

KARTOFFELN, REIS & CO.

Zucchinirisotto

- 2 EL Olivenöl extra vergine
- 1 kleine Zwiebel, fein gewürfelt
- 1 kleine Knoblauchzehe, fein gewürfelt
- 140 g Risottoreis
- 1 dl/100 ml Weißwein
- ca. ½ l Gemüsebrühe
- 300 g Zucchini oder Kürbis
- 3 EL Sojarahm/-sahne, nach Belieben
- frisch gemahlener Pfeffer
- ½ Bund Basilikum, fein geschnitten
- 12 Salbeiblätter
- Olivenöl extra vergine, zum Braten

ZUBEREITUNG 25 BIS 30 MINUTEN

1. Zwiebeln im Olivenöl anschwitzen, Knoblauch kurz mitdünsten, Reis zugeben und glasig dünsten, mit Weißwein ablöschen, kurz köcheln lassen, immer wieder heiße Gemüsebrühe zugeben, so dass der Reis mit Flüssigkeit bedeckt ist, ständig rühren; so wird die Stärke aus dem Reiskorn gelöst und der Risotto wird sämig.

2. Zucchini beidseitig kappen und auf einer feinen Reibe (Bircherreibe) reiben, 5 bis 7 Minuten mit dem Risotto mitkochen, mit Sojarahm und Pfeffer abschmecken. Basilikum unterrühren.

3. Salbeiblätter im Olivenöl braten, als Garnitur verwenden.

× × ×

VOLLKORNREIS 10 Minuten in ungesalzenem Wasser kochen, dann 5 Minuten ausquellen lassen. Wie im Rezept beschrieben zubereiten.

INHALTSSTOFFE Die Zucchini sind reich an Vitaminen.

Karotten mit Sultaninen

1. Karotten schälen und in Stäbchen schneiden, im Olivenöl andünsten. Mit wenig Gemüsebrühe ablöschen, Sultaninen zugeben, Karotten weich dünsten.

✕ ✕ ✕

VARIANTEN Karotten durch kleinblättrigen Spinat ersetzen. Sultaninen durch wenig fein geschnittenen Peperoncino/Chilischote und fein gewürfelte Knoblauchzehe ersetzen; im Olivenöl andünsten und dann erst den Spinat zugeben.

- 2 EL Olivenöl extra vergine
- 300 g Karotten
- wenig Gemüsebrühe
- 20 g Sultaninen
- Meersalz

ZUBEREITUNG 15 MINUTEN

Mediterranes Kartoffelpüree mit Oliven

Kartoffeln schälen und in Würfelchen schneiden. Im Dampf weich garen. Noch heiß durch das Passevite/die Flotte Lotte drehen oder durch die Kartoffelpresse drücken. Sojamilch und Olivenöl unterrühren, mit Salz abschmecken, Oliven unterrühren.

✕ ✕ ✕

VARIANTEN Oliven durch gehackte Kräuter wie Rucola oder fein geschnittenen Basilikum ersetzen. Mit gebratenen Pilzen servieren.

- 400 g mehligkochende Kartoffeln
- wenig Sojamilch oder Sojarahm/-sahne
- 4 EL Olivenöl extra vergine
- Meersalz
- 12–15 entsteinte schwarze Oliven, in Ringen

ZUBEREITUNG 30 MINUTEN

Kartoffelgnocchi mit Salbei

- 500 g mehligkochende Kartoffeln
- Meersalz
- 120 g Dinkelweißmehl/Type 405
- Olivenöl extra vergine
- reichlich Salbeiblätter

**ZUBEREITUNG
40 MINUTEN**

1. Kartoffeln in der Schale im Dampf weich kochen, noch heiß schälen und durch das Passevite/die Flotte Lotte drehen oder durch die Kartoffelpresse drücken. Kartoffeln salzen, mit dem Mehl zu einem Teig verarbeiten.

2. Kartoffelteig halbieren, zwei Rollen von 2 cm Durchmesser drehen, in etwa 5 mm breite Stücke portionieren, mit einer Gabel ein Muster zeichnen (eindrücken).

3. Reichlich Salzwasser aufkochen. Gnocchi in zwei Portionen bei mittlerer Hitze kochen, bis sie an die Oberfläche steigen. Mit einem Schaumlöffel herausnehmen. Mit wenig Olivenöl mischen und warm stellen.

4. Salbeiblätter im Olivenöl knusprig braten und über die Gnocchi geben.

Bratkartoffeln mit Tomaten und Oliven Abbildung

1. Kartoffeln waschen. Je nach Größe ganz lassen, halbieren oder vierteln.
2. Kartoffeln mit Oregano und Peperoncini in reichlich Olivenöl 12 bis 15 Minuten langsam braten. Gegen Ende der Bratzeit Tomaten zugeben und kurz mitbraten, Oliven zugeben. Mit Fleur de Sel abschmecken.

- Olivenöl extra vergine
- 600 g kleine neue Kartoffeln
- Oregano
- 1 kleiner Peperoncino/ Chilischote, in Ringen
- 12 Cherrytomaten
- 12 schwarze Oliven
- Fleur de Sel

ZUBEREITUNG 20 BIS 25 MINUTEN

Kartoffeln mit Petersilie und Knoblauch

1. Kartoffeln schälen und im Dampf weich garen.
2. Petersilie von den Stielen zupfen und fein schneiden. Knoblauch in feine Scheiben schneiden. Peperoncino in Ringe schneiden.
3. Alle Zutaten mit den Kartoffeln mischen. Mit Gemüse servieren.

✘ ✘ ✘

VARIANTE Wer will, kann die Peperoncini-/ Chilischotenringe und den Knoblauch in wenig Olivenöl braten.

ZUM REZEPT Ein wunderbares Kartoffelgericht aus der Mittelmeerküche. Ich liebe es über alles.

- 300–400 g kleine, festkochende Kartoffeln
- 1 Bund glattblättrige Petersilie
- 2 große Knoblauchzehen
- 1–2 Peperoncini/ Chilischote, nach Geschmack
- 3–4 EL Olivenöl extra vergine

ZUBEREITUNG 20 MINUTEN

Auberginen mit Sellerie und Tomaten

- 4 EL Olivenöl extra vergine
- 1 Stängel Stangensellerie
- 1 Aubergine
- 200 g Tomaten
- 1 kleine Zwiebel, fein gewürfelt
- 1 Knoblauchzehe, fein gewürfelt
- Meersalz
- frisch gemahlener Pfeffer
- einige grüne Oliven, entsteint
- 1 Prise Zucker
- 1 EL Kapern
- etwas Rotweinessig
- ½ Bund Basilikum, Blättchen abgezupft und fein geschnitten
- 1 EL Pinienkerne, trocken geröstet

ZUBEREITUNG 30 MINUTEN

1. Stangensellerie in feine Scheiben schneiden. Auberginen in feine Scheiben schneiden und achteln. Tomaten schälen, Seite 61, Stielansatz ausstechen, Tomaten würfeln.

2. Auberginen im Olivenöl kräftig braten, herausnehmen, beiseitestellen. Zwiebeln und Knoblauch in der Auberginenpfanne anschwitzen, Auberginen, Sellerie und Tomaten zugeben, bei mittlerer Hitze rund 5 Minuten dünsten, mit Salz und Pfeffer würzen. Oliven, Zucker, Kapern und ein wenig Rotweinessig zugeben, kurz köcheln lassen. Vor dem Servieren mit Pinienkernen und Basilikum bestreuen. Lauwarm oder kalt servieren.

TIPP Für eine Mahlzeit mit Baguette servieren.

Grießgnocchi mit Tomaten und Basilikum

1. Hartweizengrieß, Mehl, Safran und Salz in einer Schüssel mischen, Wasser nach und nach zugeben und einen Teig kneten. Oder sämtliche Zutaten mit dem Handmixer oder in der Küchenmaschine zu einem Teig kneten. Teig zugedeckt 20 Minuten ruhen lassen.

2. Den Teig halbieren, zwei Rollen von 2 cm Durchmesser drehen, in etwa 5 mm breite Stücke portionieren, mit einer Gabel ein Muster zeichnen (eindrücken).

3. Reichlich Salzwasser aufkochen. Gnocchi in zwei Portionen bei mittlerer Hitze kochen, bis sie an die Oberfläche steigen. Mit einem Schaumlöffel herausnehmen. Mit wenig Olivenöl mischen, warm stellen.

4. Cherrytomaten im Olivenöl kurz dünsten, mit Pfeffer, Salz und Basilikum würzen, über die Gnocchi verteilen.

✕ ✕ ✕

VARIANTE Mit einem Pesto servieren, Seite 47.

- 150 g Hartweizengrieß
- 50 g Dinkelweißmehl/Type 405
- 1 Prise Safranpulver
- 1 Prise Meersalz
- 1 ¼ dl/125 ml lauwarmes Wasser

- 2 EL Olivenöl extra vergine
- 250 g Cherrytomaten, halbiert

- frisch gemahlener Pfeffer
- Fleur de Sel
- ½ Bund Basilikum, Blättchen abgezupft und fein geschnitten

ZUBEREITUNG 40 MINUTEN

Couscous mit Gemüse und Kichererbsen

- 120 g Couscous
- 2 ½ dl/250 ml Wasser oder Gemüsebrühe
- Salz

Gemüse
- 500 g Saisongemüse, z. B. grüne Bohnen, Cocobohnen/marokkanische Stangenbohnen, Zucchini, Kürbis, Karotten, Lauch
- Gemüsebrühe
- 1 Msp Kreuzkümmelpulver
- 100 g gekochte Kichererbsen, Seite 8
- Olivenöl extra vergine und kaltgepresstes Haselnussöl

ZUBEREITUNG 30 MINUTEN

1. Wasser aufkochen und über das Couscous gießen. Zugedeckt 10 Minuten stehen lassen.

2. Von grünen Bohnen und Cocobohnen den Stiel abknipsen und den zähen Faden abziehen. Zucchini beidseitig kappen, in Scheiben oder Stäbchen schneiden. Kürbis bei Bedarf schälen, entkernen und in Würfel oder Stäbchen schneiden. Karotten schälen und in Scheiben oder Stäbchen schneiden. Beim Lauch grobfasrige Teile entfernen, Stange je nach Dicke längs halbieren und in etwa 5 cm lange Stücke schneiden.

3. Bohnen mit wenig Gemüsebrühe aufsetzen, etwa 10 Minuten köcheln, übriges Gemüse zugeben, mit Kreuzkümmel würzen, Gemüse knackig kochen, Kichererbsen zugeben, erhitzen, mit Olivenöl und Haselnussöl abschmecken.

4. Couscous mit Gemüse anrichten.

GESUNDHEIT Couscous und Kichererbsen sind eine gute Proteinkombination.

Ratatouille

- 2 EL Olivenöl extra vergine
- 1 kleine Zwiebel, fein gewürfelt
- 1 Knoblauchzehe, fein gehackt
- 1 Aubergine
- 1 Zucchino
- 1 Peperoni/Gemüsepaprika
- 2 Tomaten
- Fleur de Sel
- 1 Lorbeerblatt, geknickt
- 1–2 Stängel Thymian

**ZUBEREITUNG
20 MINUTEN**

1 Aubergine und Zucchino beidseitig kappen, in Würfel schneiden. Peperoni halbieren, Stielansatz, Kerne und weiße Rippen entfernen, in würfelgroße Stücke schneiden. Tomaten schälen, Seite 61, Stielansatz ausstechen, Tomaten in Würfel schneiden.

2 Zwiebeln und Knoblauch im Olivenöl anschwitzen, Auberginen, Zucchini und Peperoni zugeben und ohne Zugabe von Wasser weich dünsten. Nach etwa 10 Minuten Tomaten unterrühren, weitere 5 Minuten köcheln. Mit Fleur de Sel und Lorbeerblatt würzen. Thymian von den Stielen zupfen und fein schneiden, unter die Ratatouille rühren. Mit Olivenöl beträufeln.

✕ ✕ ✕

TIPP Die Ratatouille passt zu Reis, Hirse, Couscous und Hülsenfrüchten.

Provenzalische Kräuter-Oliven-Schnecken

1. Für den Hefeteig alle trockenen Zutaten in einer Teigschüssel mischen, Olivenöl und Wasser zugeben, einen glatten Teig kneten. Schüssel mit einem feuchten Tuch zudecken. Teig bei Zimmertemperatur auf das doppelte Volumen aufgehen lassen.

2. Hefeteig auf der leicht bemehlten Arbeitsfläche zu einem 5 mm dicken Rechteck ausrollen. Dünn mit gehackten Kräutern bestreuen und Tomaten-Peperoni-Pesto bestreichen, Oliven und Pinienkerne darauf verteilen. In Längsrichtung aufrollen. Teigrolle mit einem scharfen Messer in 12 Scheiben schneiden. Mit genügend Abstand auf ein mit Backpapier belegtes Backblech legen. Nochmals 20 Minuten gehen lassen. Hefeschnecken mit Sojamilch bepinseln.

3. Hefeschnecken im vorgeheizten Ofen bei 200 °C 17 bis 20 Minuten backen. Lauwarm genießen.

✕ ✕ ✕

TIPP Die Schnecken mit Olivenöl beträufeln. Einfach himmlisch!

FÜR 12 SCHNECKEN

Hefeteig
- 250 g Dinkelruchmehl/Type 1050
- 1 TL Meersalz
- 2 TL Herbes de Provence
- ½ Briefchen Trockenhefe
- 2 EL Olivenöl extra vergine
- 1 ½ dl/150 ml lauwarmes Wasser

Füllung
- reichlich fein gehackte Kräuter
- Tomaten-Peperoni-Pesto, Seite 47
- 150 g entsteinte schwarze Oliven, gehackt
- 80 g Pinienkerne

- ½ dl/50 ml Sojamilch, zum Bepinseln

ZUBEREITUNG 1 BIS 1 ½ STUNDEN

Falafel in Pittabrot

1. Kichererbsen über Nacht oder mehrere Stunden in kaltem Wasser einweichen. Einweichwasser weggießen. Kichererbsen mit übrigen Zutaten im Cutter oder im Mixer pürieren, so dass eine formbare Masse entsteht. Von Hand Bällchen von maximal 2 cm Durchmesser formen. Die Bällchen dürfen nicht größer sein, sonst garen sie nicht durch. Olivenöl etwa 2 cm hoch in einen kleinen Topf füllen und erhitzen, jeweils 5 Falafel in den Topf geben, bei mittlerer Hitze 4 bis 5 Minuten goldgelb frittieren.

2. Zutaten für die Sesamsauce vermischen, salzen, Petersilie unterrühren. So viel Gemüsebrühe zugeben, bis die Sauce die gewünschte Konsistenz hat. Die Menge ist großzügig bemessen und reicht für eine zweite Mahlzeit.

3. Pittabrot im Ofen erwärmen.

4. Pittabrot mit Salatblättern, Gurkenscheiben, Zwiebelringen und Tomatenachteln füllen, Falafel dazugeben. Sesamsauce separat servieren.

✕ ✕ ✕

FALAFEL   Wer keinen Cutter besitzt, verwendet gekochte Kichererbsen, Seite 8. Die Bällchen aus rohen Kichererbsen werden besser und nehmen weniger Öl auf. Das Rezept stammt von einem Bekannten aus dem Libanon. Rohe Bällchen können tiefgekühlt werden.

GESUNDHEIT   Falafel enthalten viel Protein und Eisen, die Sauce ist reich an Kalzium. Die vollwertigen Bällchen sind sehr gesund.

Für 20 Falafel
- 130 g Kichererbsen
- 3 EL Dinkelruchmehl/-schwarzmehl/Type 1050
- ½ TL Rosenpaprika
- 1 Prise Zimtpulver
- ½ unbehandelte Zitrone, abgeriebene Schale
- ½ TL Kreuzkümmelpulver
- ½ TL Korianderpulver, gemahlen
- 2 Knoblauchzehen
- 1 Prise Muskatnuss
- Meersalz
- 2 EL gehackte Petersilie

- Olivenöl extra vergine oder Sesamöl, zum Frittieren

Sesamsauce
- 1 Zitrone, Saft
- 100 g Tahin/Sesampaste
- 100 g weißes Mandelpüree
- 1–2 Knoblauchzehen, nach Belieben
- Meersalz
- 1 EL gehackte glattblättrige Petersilie oder Koriander
- ca. 1 dl/100 ml Gemüsebrühe

- 4 Pittataschen
- 1–2 Tomaten
- Salatblätter
- ½ Freilandgurke
- 1 kleine Zwiebel

ZUBEREITUNG 45 MINUTEN

DESSERTS

Kokos-Panna-cotta mit Fruchtsauce

1. Für die Panna cotta alle Zutaten in einer Pfanne glatt rühren, unter Rühren aufkochen und 2 Minuten kochen lassen. In kalt ausgespülte Förmchen füllen und erkalten lassen.

2. Kaktusfeigen 10 Minuten in kaltes Wasser legen, herausnehmen und schälen, Früchte mit dem Stabmixer pürieren und durch ein Sieb streichen. Mit Orangenlikör und Agavendicksaft abschmecken. Passionsfrüchte halbieren und Kerne mit einem Löffel herausnehmen und zur Sauce geben.

3. Panna cotta auf Teller stürzen, mit der Fruchtsauce umgeben.

✕ ✕ ✕

VARIANTE Für eine Fruchtsauce eignen sich auch Erdbeeren und Himbeeren und alle andern Arten Beeren.

KOKOSMILCH/KOKOSRAHM/-SAHNE
Die Kokosmilch verleiht dem Gericht eine exotische Note. Man bekommt ein erfrischendes Sommerdessert.

Panna cotta für 4 Köpfchen
- 4 dl/400 ml Kokosnussmilch oder halb Kokosnussmilch/halb Kokosrahm/-sahne
- 1 TL Agar-Agar-Pulver, 2,5 g (Bio-Laden/Reformhaus), in 2–3 EL Wasser angerührt
- ¼ TL Vanilleextrakt
- 1–2 EL Rosenblütenwasser oder 1 unbehandelte Zitrone, abgeriebene Schale
- 50 g Agavendicksaft

Fruchtsauce
- 2–4 Kaktusfeigen
- Orangenlikör
- wenig Agavendicksaft
- 2 Passionsfrüchte

ZUBEREITUNG 2 STUNDEN

Mandelflan mit Traubenkompott

- 2 dl/200 ml Reismilch
- 1 EL Maisstärke oder Kuzu (Bio-Laden)
- 1 großer EL Zucker
- wenig Orangenschale oder Zitronenschale einer Bio-Frucht
- 20 g Mandelblättchen

- 100 g weiße oder blaue Traubenbeeren
- 1 TL Zitronensaft
- 1 TL Zucker
- evtl. wenig Maisstärke

ZUBEREITUNG 30 MINUTEN

1. Mandelblättchen in einer Pfanne trocken rösten. Beiseitestellen.

2. Reismilch und Maisstärke in der Pfanne glatt rühren, Zucker und Orangenschale zugeben, unter Rühren aufkochen, Mandelblättchen zugeben, weiterrühren, bis die Masse bindet. Creme in mit kaltem Wasser ausgespülte Flanförmchen füllen. Mindestens 3 Stunden oder über Nacht fest werden lassen.

3. Für das Kompott die Traubenbeeren halbieren. Mit Zitronensaft und Zucker erwärmen, wenig Maisstärke darüberstäuben, die Sauce leicht binden.

4. Mandelflan auf Teller stürzen, mit dem lauwarmen Traubenkompott umgeben.

Fruchtkompott in Rotwein

Wein mit Zucker und Gewürzen aufkochen. Feigen oder halbierte und entsteinte Pfirsiche oder Pflaumen zum Rotwein geben, einmal aufkochen, auskühlen lassen. Mit Cassislikör abschmecken.

✖ ✖ ✖

TIPP Im Winter mit gedörrten Dörrpflaumen zubereiten; über Nacht im Wein einlegen, einmal aufkochen.

- ✖ 250 g erntefrische Feigen oder Pfirsiche oder Pflaumen
- ✖ 1 ½ dl/150 ml fruchtiger Rotwein
- ✖ Rohrohrzucker oder Agavendicksaft
- ✖ Je 1 Prise Zimt- und Nelkenpulver
- ✖ 1 Schuss Cassislikör, nach Belieben

**ZUBEREITUNG
10 MINUTEN**

Kaki mit Pistazien

1. Kaki halbieren und auf Teller legen. Fruchthälften mit einer Gabel einige Male einstechen.

2. Pistazien mit dem Agavendicksaft kurz erwärmen, mit Orangensaft ablöschen, Orangenschale zugeben. Über die Kaki verteilen.

✗ ✗ ✗

KAKI sind in den Mittelmeerländern eine typische Winterfrucht. Im Handel gibt es Früchte mit weichem Fleisch (zum Auslöffeln) und Früchte mit festem Fleisch. Die Schale der Kaki nicht essen, sie hinterlässt im Mund einen pelzigen Geschmack.

GESUNDHEIT Die Kaki sind reich an Vitamin B, Kalium und Phosphor.

✗ 2 Kaki mit festem Fleisch
✗ 1 EL Pistazien
✗ 1 EL Agavendicksaft
✗ 1 Bio-Orange, abgeriebene Schale und 2 EL Saft

✗ Blüten, für die Garnitur, nach Belieben

**ZUBEREITUNG
10 MINUTEN**

Gefüllte Datteln

- 6 große Datteln
- 25 g unraffiniertes Kokosnussfett, Zimmertemperatur
- 40 g Pistazien, gehackt
- einige Tropfen Rosenwasser
- 1 EL Puderzucker

- ½ EL gehackte Pistazien

**ZUBEREITUNG
15 MINUTEN**

1. Datteln aufschneiden, Stein entfernen.
2. Kokosfett, Pistazien, Rosenwasser und Puderzucker mischen. Masse mit einem Teelöffel in die aufgeschnittenen Datteln füllen. Mit Pistazienkernen bestreuen, servieren.

Nuss-Kastanien-Truffes

- 100 g geriebene Nüsse: Baum-/Walnüsse, Haselnüsse, Mandeln
- 1 Würfel (220 g) Bio-Kastanienpüree, aufgetaut
- 2 EL Agavendicksaft
- ½ Bio-Orange, abgeriebene Schale
- 1–2 EL Orangen- oder Nusslikör oder Orangensaft
- 2 EL Kakaopulver

- geriebene Nüsse oder Kakaopulver, zum Wenden

**ZUBEREITUNG
30 MINUTEN**

Alle Zutaten im Cutter zu einer homogenen Masse verarbeiten. Masse mit kleinem Glace-/Eislöffel portionieren, mit angefeuchteten Händen Truffes formen. In den Nüssen oder im Kakaopulver wenden, in Papier-Pralinenförmchen setzen.

✘ ✘ ✘

HALTBARKEIT Die Truffes können im Kühlschrank 14 Tage aufbewahrt werden.

GESUNDHEIT Baum-/Walnüsse sind eine sehr gute Jod- und Fluorquelle.

Hefepfannkuchen mit Pistazien

1. Mehl in eine Schüssel geben und eine Vertiefung drücken, Hefe und Zucker hineingeben und mit wenig lauwarmem Wasser glatt rühren, restliches Wasser nach und nach zugeben, einen Teig rühren. Teig 1 Stunde zugedeckt aufgehen lassen.

2. Agavendicksaft mit Zitronensaft und Orangenblütenwasser aromatisieren.

3. Eine beschichtete Bratpfanne mit Öl einpinseln, für jeden Pfannkuchen einen kleinen Schöpflöffel Teig in die Bratpfanne geben, beidseitig 1 bis 2 Minuten braten. Warm halten.

4. Die warmen Pfannkuchen in den Sirup tauchen und mit den Pistazien bestreuen. Servieren.

FÜR 4 PORTIONEN

- 120 g Dinkelweißmehl/Type 405
- 10 g Hefe
- ½ TL Zucker
- 1,3 dl/130 ml lauwarmes Wasser

- Olivenöl extra vergine oder Sesamöl, zum Braten

- Agavendicksaft oder Ahornsirup
- 1 Zitrone, Saft
- 1 EL Orangenblütenwasser

- gehackte Pistazien

**ZUBEREITUNG
80 MINUTEN**

Dattel-Truffes mit Mandeln

Abbildung

- 180 g Datteln, entsteint
- 100 g geriebene Mandeln
- 2 EL unraffiniertes Kokosnussfett
- 1 EL Rosenblütenwasser
- ½ TL Zimtpulver

- geriebene Nüsse oder Kakaopulver, zum Wenden

ZUBEREITUNG 30 MINUTEN

1. Datteln über Nacht in wenig Wasser einweichen.
2. Datteln grob schneiden, mit übrigen Zutaten im Cutter oder im Mixer zu einer homogenen Masse verarbeiten.
3. Dattelmasse portionieren und kleine Kugeln formen, in den Nüssen oder im Kakaopulver wenden.

× × ×

HALTBARKEIT Die Truffes können im Kühlschrank 5 bis 6 Tage aufbewahrt werden.

Sesam-Kakao-Kugeln

- 100 g unraffiniertes Kokosnussfett
- 60 g gemahlene Erdmandeln
- 60 g Rohrohrzucker
- 100 g Kokosflocken
- 50 g Sesamsamen
- 15 g Kakaobohne, fein gerieben
- 1 EL Rosen- oder Orangenwasser

- Kakaopulver, zum Wenden

ZUBEREITUNG 50 MINUTEN

Alle Zutaten mischen. Mit Hilfe eines kleinen Glace-/Eislöffels portionieren und Kugeln formen. Im Kakaopulver wenden. 30 Minuten in den Kühlschrank stellen.

Sesamgebäck

1. Kokosnussfett mit Agavendicksaft und Gewürzen in einem weiten Topf erwärmen. Von der Wärmequelle nehmen. Sesamsamen und Mehl mischen und unterrühren. Sesammasse auf einem mit Backpapier belegten Blech 3 bis 4 mm hoch verstreichen.

2. Sesamgebäck im vorgeheizten Ofen bei 200 °C rund 15 Minuten backen. Noch lauwarm in Stücke schneiden.

✗ ✗ ✗

HALTBARKEIT Das Sesamgebäck ist in einer Vorratsdose einige Wochen haltbar.

- ✗ 160 g unraffiniertes Kokosnussfett
- ✗ 200 g Agavendicksaft
- ✗ 1 TL Vanille- oder Zimtpulver
- ✗ 320 g weiße (geschälte) Sesamsamen
- ✗ 80 g Dinkelweißmehl/Type 405 oder Dinkelruchmehl/Type 1050

**ZUBEREITUNG
30 MINUTEN**

 GESUNDHEIT Sesamsamen sind reich an Kalzium und ein guter Nährstoff für den Knochenaufbau.

Beerensorbet

Beeren und übrige Zutaten mixen/pürieren. Sorbet sofort servieren.

- ✗ 250 g leicht angetaute Beeren/Beerenmischung
- ✗ 1 EL Agavendicksaft
- ✗ 1 Prise Vanillepulver
- ✗ 2 EL Sojarahm/-sahne

**ZUBEREITUNG
10 MINUTEN**

Traubensaftsorbet mit Grappa

- 2½ dl/250 ml roter Traubensaft
- 1–2 EL Agavendicksaft
- etwas Grappa, zum Aromatisieren

**ZUBEREITUNG
30 MINUTEN**

Die gut gekühlten Zutaten in der Eismaschine/Sorbetière gefrieren lassen.

✖ ✖ ✖

ZUM REZEPT Für ein «sämiges» Sorbet benötigt man eine Eismaschine.

Zitronengranité mit Zitronenverbene

1. Zucker und Wasser zu einem Sirup einkochen. Abkühlen lassen.

2. Zuckersirup, Zitronensaft und Zitronenverbene gut mischen. Im Kühlschrank vorkühlen.

3. Die gut gekühlte Flüssigkeit in der Eismaschine/Sorbetière gefrieren lassen. Oder Flüssigkeit in eine Tiefkühldose füllen, im Tiefkühler fest werden lassen, häufig rühren, damit sich keine zu großen Eiskristalle bilden.

4. Gefrorene Eismasse von Hand zerstoßen oder im Cutter/Mixer grob hacken.

✘ ✘ ✘

TIPP Ausgehöhlte Zitronen 10 bis 15 Minuten in den Tiefkühler stellen. Mit dem Zitronengranité füllen.

- 60 g Zucker
- 2 dl/200 ml Wasser
- 0,7 dl/70 ml Zitronensaft
- 3 Zweiglein Zitronenverbene, fein gehackt

**ZUBEREITUNG
30 MINUTEN**

GESUNDHEIT Verbene ist gut für den Magen und hilft bei Nervosität.

Orangensalat mit Datteln und Minze

- 2 Orangen
- 2 EL Orangenlikör
- 1 EL Orangenblütenwasser
- 1 Granatapfel

- 20 geschälte Mandeln
- ¼ TL Zimtpulver
- 2 EL Agavendicksaft

- einige entsteinte Datteln, in Streifen
- abgezupfte Minzeblättchen, in Streifen

**ZUBEREITUNG
10 MINUTEN**

1. Orangen mit dem Messer schälen und auch die weiße Haut entfernen, Orangenfilets aus den Trennhäuten schneiden und entkernen. Mit Orangenlikör und Orangenblütenwasser marinieren.

2. Granatapfel halbieren und die Kerne über einer Schüssel herausklopfen.

3. Mandeln in einer Pfanne ohne Fett rösten, Zimt kurz mitrösten, Agavendicksaft zugeben und die Mandeln karamellisieren.

4. Orangenfilets auf Portionenschalen verteilen, mit Granatapfelkernen bestreuen, Mandeln und Datteln darüber verteilen, mit Minze bestreuen.

✖ ✖ ✖

ORANGENBLÜTENWASSER entsteht als Nebenprodukt bei der Destillation von Pomeranzen-(Bitterorangen-)Blüten. In Marokko wird das Wasser oft zum Aromatisieren von Desserts verwendet. Erhältlich in Apotheken und Gewürzläden.

Register

A
Agavendicksaft 32, 105, 107, 109, 110, 111, 115, 116, 118
Ahornsirup 52, 111
Apfel 16
Artischocke 34, 40, 56
Aubergine 40, 44, 73, 78, 81, 94, 98
Avocado 46

B
Basilikum 18, 34, 40, 45, 47, 48, 51, 52, 54, 57, 73, 77, 81, 86, 94, 95
Beeren 115
Birne 16
Bohne, Borlottibohne 8
Bohne, Coco- 96
Bohne, grüne 15, 61, 96
Bohne weiße 8, 22, 47
Bohnenkraut 21
Brokkoli 75
Brot 26, 30, 31, 31, 34, 40, 48, 80, 101
Brot, Zucchini- 51
Brüsseler Endivie 16

C
Catalogna 39
Chicorée 16
Chilischote 26, 39, 56, 70, 75, 80, 93
Cicorino rosso 14
Cima di Rapa 75
Couscous 25, 96

D
Dattel 110, 112, 118

E
Endivie 16
Erbse, grüne 61, 62
Erdmandel 112

F
Falafel 101
Feige 107
Fenchel 16, 20, 80

G
Gemüsepaprika 25, 40, 47, 54, 73, 77, 81, 98
Gnocchi 90, 95
Granatapfel 19, 118
Gurke 21, 25, 26, 101

H
Hülsenfrüchte 8
Hummus 45

I
Ingwer 66, 76

J
Joghurt, Soja- 19, 21

K
Kakaobohne 112
Kakaopulver 110, 112
Kaki 109
Kaktusfeige 105
Kapern 30, 40, 52
Karotte 19, 81, 89, 96
Kartoffel 89, 90, 93
Kastanie 16, 41, 64, 110
Kichererbse 8, 25, 45, 101
Knoblauch 93
Kohlrabi 18, 21
Kokosnussfett 110, 112, 115
Kokosnussflocken 112
Koriander 45, 53
Kürbis 81, 86, 96
Kürbiskerne 18, 21

L
Lasagne 81
Lauch 81, 96
Linsen 8, 61, 66
Löwenzahn 16

M
Majoran 57, 65, 83
Milch, Kokosnuss- 105
Milch, Reis- 106
Milch, Soja- 81
Minze 19, 25, 48, 54, 56, 62, 118

N
Nuss, Baum- 35, 48, 52, 83, 110
Nuss, Cashew- 35
Nuss-, Hasel- 110
Nuss, Mandel 35, 52, 57, 101, 106, 110, 112, 118
Nuss, Wal- 35, 48, 52, 83, 110

O
Olive 15, 22, 25, 26, 30, 40, 45, 52, 70, 73, 89, 93, 99
Öl, Avocado- 18, 62
Öl, Baumnuss- 14, 18
Öl, Haselnuss- 16, 18, 20, 21, 45, 53, 65
Öl, Lein- 21, 52
Öl, Sesam- 111
Öl, Walnuss- 14, 18
Omelette 111
Orange 14, 16, 109, 110, 118

P
Passionsfrucht 105
Pasta 10, 75, 76, 78, 80, 81, 83
Peperoncino 26, 39, 56, 70, 75, 80, 93

Peperoni   25, 40, 47, 54, 73, 77, 81, 98
Petersilie   14, 15, 21, 26, 30, 34, 40, 44, 45, 47, 48, 52, 56, 61, 65, 66, 78, 80, 81, 93, 101
Pfannkuchen   111
Pfirsich   107
Pflaume   107
Pilze   18, 31, 78, 81
Pistazie   109, 110, 111
Pinienkerne   18, 39, 47, 48, 54, 75, 77, 78, 83, 94, 99
Pizza   70, 73
Portulak   66
Puntarella   36

Q
Quinoa   61

R
Rande   14, 18, 65
Rartatouille   98
Reis   61, 86
Rettich   18
Risotto   86
Rosmarin   35, 41, 42, 57, 65, 83
Rote Bete   14, 18, 65
Rucola   14, 15, 16, 22, 31, 73

S
Salbei   41, 57, 86, 90
Sauce, Béchamel-   81
Sauce, Sesam-   101
Sellerie, Stangen-   15, 20, 81, 94
Sesam   42, 44, 45, 101, 112, 115

Sonnenblumenkerne   18
Sorbet   115, 116, 117
Spinat   16, 20, 22, 31
Sultaninen   89
Süßkartoffel   66

SCH
Schnecken, Hefe-   99
Schwarzkümmel   42

T
Teig, Focaccia-   42
Teig, Gnocchi-   90, 95
Teig, Kräuter-Hefe-   99
Teig, Pasta-   10
Teig, Pfannkuchen-   111
Teig, Pizza-   73
Thymian   32, 34, 35, 41, 51, 57, 83, 98
Tomate   15, 20, 22, 25, 26, 32, 57, 61, 76, 81, 93, 94, 95, 98, 101
Tomate, Dörr-   30, 34, 40, 45, 47, 77
Truffes   110, 112

W
Wein, Rot-   107
Weintraube   16, 106
Weintraubensaft   116

Z
Zitrone   117
Zitronenverbene   117
Zucchino   18, 21, 40, 48, 51, 53, 73, 81, 86, 96, 98
Zuckermais   64
Zwiebel   65, 70, 76

Wenn nicht anders erwähnt, sind die Rezepte für 2 Personen berechnet.

ABKÜRZUNGEN
EL   gestrichener Esslöffel
TL   gestrichener Teelöffel
dl   Deziliter
ml   Milliliter
l   Liter
g   Gramm
kg   Kilogramm
Msp   Messerspitze